Oldenbourg
Textausgaben

Oldenbourg
Textausgaben

Herausgegeben von
Klaus-Michael Bogdal
Clemens Kammler

Johann Wolfgang Goethe

Die Leiden des jungen Werthers

● Text, Kommentar und Materialien

Bearbeitet von Anja Oesterhelt

Oldenbourg

Bibliografische Information der Deutschen Nationalbibliothek:
Die Deutsche Nationalbibliothek verzeichnet diese Publikation in der Deutschen Nationalbibliografie; detaillierte bibliografische Daten sind im Internet über http://dnb.ddb.de abrufbar.

Das Papier ist aus chlorfrei gebleichtem Zellstoff hergestellt, ist säurefrei und recyclingfähig.

1. Auflage 2009
Druck 13 12 11 10 09
Die letzte Zahl bezeichnet das Jahr des Drucks.

Umschlagkonzept: Mendell & Oberer, München
Umschlaggestaltung: Erasmi + Stein, München
Umschlagbild: plainpicture/Westend61
Layoutentwurf: Almut Jegodtka
Lektorat: Katja Hohenstein, Wiebke Herrmann (Assistenz)
Herstellung: Cornelia Colditz
Satz: fidus Publikations-Service GmbH, Nördlingen
Druck: Himmer AG, Augsburg

ISBN 978-3-637-00582-2

Inhalt

Hinweise zur Benutzung:
Kurze Worterklärungen befinden sich in der Randspalte direkt neben dem Haupttext, längere Wort- und Sacherklärungen auf S. 137 ff. Die Fundstellen werden stets nach Seite und Zeile angegeben (z. B. 23.410).

Zeittafel zu Johann Wolfgang Goethe: Die Leiden des jungen Werthers

25. Mai 1772 Goethe wird als Rechtspraktikant beim Reichskammergericht in Wetzlar eingetragen.

9. Juni 1772 Goethe lernt im Deutschordenhaus die Tochter des Amtmanns Buff, Charlotte Buff, kennen und besucht mit ihr den Ball in Volpertshausen. In den folgenden Monaten befreundet er sich eng mit ihr und ihrem Verlobten, Christian Kestner.

10. September 1772 Gespräch über die Unsterblichkeit mit dem befreundeten Paar.

11. September 1772 Goethe verlässt Wetzlar fluchtartig. Er reist nach Ehrenbreitstein, wo er die Schriftstellerin Sophie von La Roche und deren Tochter Maximiliane trifft.

19. September 1772 Goethe trifft wieder in seiner Heimatstadt Frankfurt a. M. ein.

30. Oktober 1772 Ein Bekannter Goethes, Karl Wilhelm Jerusalem, verübt Selbstmord in Wetzlar. Kestner berichtet Goethe auf dessen Wunsch in einem ausführlichen Brief darüber.

6. November 1772 Goethe reist für einige Tage nach Wetzlar.

4. April 1773 Charlotte Buff und Christian Kestner heiraten und siedeln kurz darauf nach Hannover über.

9. Januar 1774 Peter Anton Brentano heiratet die 21 Jahre jüngere Maximiliane von La Roche, die von nun an mit ihrem Ehemann in Frankfurt a. M. lebt. Goethe verkehrt im Haus der Brentanos, bis es zu Eifersuchtsszenen zwischen den beiden Männern kommt.

Anfang Februar 1774 Goethe beginnt mit der Arbeit am „Werther". Das Manuskript ist im April abgeschlossen.

Juni – August 1774 Johann Caspar Lavater liest das „Werther"-Manuskript.

September 1774 „Die Leiden des jungen Werthers" erscheint zur Herbstmesse in Leipzig.

Oktober 1774 Erste Rezensionen erscheinen, Anfang 1775 dann Nicolais Parodie „Die Freuden des jungen Werther", die wiederum eine Fülle von Gegenschriften hervorruft.

14. Mai 1775 Goethe reist mit Christian und Friedrich Leopold zu Stolberg und Christian August von Haugwitz in die Schweiz. Alle tragen die Werther-Tracht mit blauem Frack und gelber Weste.

1775 Die zweite Auflage des „Werther" mit vorangestellten Mottoversen erscheint.

7. November 1775 Goethe trifft in Weimar ein.

1776 Die erste französische Übersetzung des „Werther" erscheint, 1779 folgt die erste englische, 1781 die erste italienische und russische Übersetzung.

16. Januar 1778 Die junge Adlige Christiane von Lassberg ertränkt sich nahe Goethes Gartenhaus in der Ilm. Angeblich trägt die Tote den „Werther“ in der Tasche.

30. Januar 1778 Goethes „Triumph der Empfindsamkeit“ wird in Weimar aufgeführt. Darin verspottet Goethe seinen „Werther“.

November 1782 Goethe beginnt mit der Umarbeitung des „Werther“. Im August 1786 ist die zweite Fassung abgeschlossen.

1787 Die zweite Fassung des „Werther“ wird das erste Mal gedruckt.

2. Oktober 1808 Napoleons Gespräch mit Goethe hat vorwiegend den „Werther“ zum Gegenstand.

1812/13 Goethe schreibt das 12. und 13. Buch von „Dichtung und Wahrheit“. Darin beschäftigt er sich ausführlich mit der Entstehung des „Werther“.

22. September 1816 Charlotte Kestner, geborene Buff, trifft zu einem mehrwöchigen Besuch in Weimar ein. Sie ist inzwischen verwitwet. Am 25. September kommt es zur ersten Wiederbegegnung mit Goethe.

1824 Die Jubiläumsausgabe zum 50. Jahrestag der Erstausgabe des „Werther“ erscheint. Sie enthält Goethes Gedicht „An Werther“.

DIE LEIDEN DES JUNGEN WERTHERS

Seite 137

Erste Fassung

Erster Teil

Was ich von der Geschichte des armen Werthers nur habe auffinden können, habe ich mit Fleiß gesammlet und leg es euch hier vor und weiß, daß ihr mir's danken werdet. Ihr könnt seinem Geist und seinem Charakter eure Bewunderung und Liebe und seinem Schicksale eure Tränen nicht versagen.

Und du gute Seele, die du ebenden Drang fühlst wie er, schöpfe Trost aus seinem Leiden und laß das Büchlein deinen Freund sein, wenn du aus Geschick oder eigner Schuld keinen nähern finden kannst.

Schicksal

Am 4. Mai 1771

Wie froh bin ich, daß ich weg bin! Bester Freund, was ist das Herz des Menschen! Dich zu verlassen, den ich so liebe, von dem ich unzertrennlich war, und froh zu sein! Ich weiß, du verzeihst mir's. Waren nicht meine übrigen Verbindungen recht ausgesucht vom Schicksal, um ein Herz wie das meine zu ängstigen? Die arme Leonore! Und doch war ich unschuldig! Konnt ich dafür, daß, während die eigensinnigen Reize ihrer Schwester mir einen angenehmen Unterhalt verschafften, daß eine Leidenschaft in dem armen Herzen sich bildete! Und doch – bin ich ganz unschuldig? Hab ich nicht ihre Empfindungen genährt? Hab ich mich nicht an denen ganz wahren Ausdrücken der Natur, die uns so oft zu lachen machten, so wenig lächerlich sie waren, selbst ergötzt! Hab ich nicht – O was ist der Mensch, daß er über

Seite 137

vgl. „Herz", Seite 137 f.

launenhaften

Unterhaltung, Zeitvertreib

gemeint sind: die Äußerungen des Verliebtseins

erfreut

sich klagen darf! – Ich will, lieber Freund, ich verspreche dir's, ich will mich bessern, will nicht mehr das bißchen Übel, das das Schicksal uns vorlegt, wiederkäuen, wie ich's immer getan habe. Ich will das Gegenwärtige genießen, und das Vergangene soll mir vergangen sein. Gewiß, du hast recht, Bester: der Schmerzen wären minder unter den Menschen, wenn sie nicht – Gott weiß, warum sie so gemacht sind – mit so viel Emsigkeit der Einbildungskraft sich beschäftigten, die Erinnerungen des vergangenen Übels zurückzurufen, ehe denn eine gleichgültige Gegenwart zu tragen.

weniger
Fleiß
Vorstellungskraft
eher als

Du bist so gut, meiner Mutter zu sagen, daß ich ihr Geschäfte bestens betreiben und ihr ehstens Nachricht davon geben werde. Ich habe meine Tante gesprochen und habe bei weiten das böse Weib nicht gefunden, das man bei uns aus ihr macht, sie ist eine muntere, heftige Frau von dem besten Herzen. Ich erklärte ihr meiner Mutter Beschwerden über den zurückgehaltenen Erbschaftsanteil. Sie sagte mir ihre Gründe, Ursachen und die Bedingungen, unter welchen sie bereit wäre, alles herauszugeben, und mehr als wir verlangten – Kurz, ich mag jetzo nichts davon schreiben, sag meiner Mutter, es werde alles gut gehen. Und ich habe, mein Lieber! wieder bei diesem kleinen Geschäfte gefunden: daß Mißverständnisse und Trägheit vielleicht mehr Irrungen in der Welt machen, als List und Bosheit nicht tun. Wenigstens sind die beiden letzern gewiß seltner.

ihre Angelegenheiten
demnächst
Seite 138

Übrigens find ich mich hier gar wohl. Die Einsamkeit ist meinem Herzen köstlicher Balsam in dieser paradiesischen Gegend, und diese Jahrszeit der Jugend wärmt mit aller Fülle mein oft schauderndes Herz. Jeder Baum, jede Hecke ist ein Strauß von Blüten, und man möchte zur Maienkäfer werden, um in dem Meer von Wohlgerüchen

im Sinne von: Trost, Linderung
gemeint ist: der Frühling
bebendes

herumschweben und alle seine Nahrung darinne finden zu können.

Die Stadt ist selbst unangenehm, dagegen ringsumher eine unaussprechliche Schönheit der Natur. Das bewog den verstorbenen Grafen von M…, einen Garten auf einem der Hügel anzulegen, die mit der schönsten Mannigfaltigkeit der Natur sich kreuzen und die lieblichsten Täler bilden. Der Garten ist einfach, und man fühlt gleich bei dem Eintritte, daß nicht ein wissenschaftlicher Gärtner, sondern ein fühlendes Herz den Plan bezeichnet, das sein selbst hier genießen wollte. Schon manche Träne hab ich dem Abgeschiedenen in dem verfallnen Kabinettchen geweint, das sein Lieblingsplätzchen war und auch meins ist. Bald werd ich Herr vom Garten sein, der Gärtner ist mir zugetan, nur seit den paar Tagen, und er wird sich nicht übel davon befinden.

Seite 138 f.

Vielfalt

Seite 140. Vgl. auch „Natur", Seite 138 f.

sich selbst

Verstorbenen; gemeint ist der Graf von M.

Seite 140

Seite 140

und es wird nicht zu seinem Nachteil sein

Am 10. Mai

Eine wunderbare Heiterkeit hat meine ganze Seele eingenommen, gleich denen süßen Frühlingsmorgen, die ich mit ganzem Herzen genieße. Ich bin so allein und freue mich so meines Lebens in dieser Gegend, die für solche Seelen geschaffen ist wie die meine. Ich bin so glücklich, mein Bester, so ganz in dem Gefühl von ruhigem Dasein versunken, daß meine Kunst darunter leidet. Ich könnte jetzo nicht zeichnen, nicht einen Strich, und bin niemalen ein größerer Maler gewesen als in diesen Augenblicken. Wenn das liebe Tal um mich dampft und die hohe Sonne an der Oberfläche der undurchdringlichen Finsternis meines Waldes ruht und nur einzelne Strahlen sich in das innere Heiligtum stehlen und ich dann im hohen Grase am fallenden Bache liege und näher an der Erde tausend mannigfaltige Gräschen mir merkwürdig werden. Wenn ich das Wimmeln der kleinen Welt zwischen

wie die

vielerlei

bemerkenswert

Genuss, Glückseligkeit

vgl. „Natur", Seite 138 f.

Halmen, die unzähligen, unergründlichen Gestalten all der Würmchen, der Mückchen näher an meinem Herzen fühle und fühle die Gegenwart des Allmächtigen, der uns all nach seinem Bilde schuf, das Wehen des Alliebenden, der uns in ewiger Wonne schwebend trägt und erhält. Mein Freund, wenn's denn um meine Augen dämmert und die Welt um mich her und Himmel ganz in meiner Seele ruht wie die Gestalt einer Geliebten; dann sehn ich mich oft und denke: ach könntest du das wieder ausdrücken, könntest du dem Papier das einhauchen, was so voll, so warm in dir lebt, daß es würde der Spiegel deiner Seele, wie deine Seele ist der Spiegel des unendlichen Gottes. Mein Freund – Aber ich gehe darüber zugrunde, ich erliege unter der Gewalt der Herrlichkeit dieser Erscheinungen.

Am 12. Mai

Seite 140

Anziehendes

Seite 141

Ich weiß nicht, ob so täuschende Geister um diese Gegend schweben oder ob die warme, himmlische Phantasie in meinem Herzen ist, die mir alles ringsumher so paradiesisch macht. Da ist gleich vor dem Orte ein Brunn', ein Brunn', an den ich gebannt bin wie Melusine mit ihren Schwestern. Du gehst einen kleinen Hügel hinunter und findest dich vor einem Gewölbe, da wohl zwanzig Stufen hinabgehen, wo unten das klarste Wasser aus Marmorfelsen quillt. Das Mäuerchen, das oben umher die Einfassung macht, die hohen Bäume, die den Platz ringsumher bedecken, die Kühle des Orts, das hat alles so was Anzügliches, was Schauerliches. Es vergeht kein Tag, daß ich nicht eine Stunde da sitze. Da kommen denn die Mädchen aus der Stadt und holen Wasser, das harmloseste Geschäft und das nötigste, das ehmals die Töchter der Könige selbst verrichteten. Wenn ich da sitze, so lebt die patriarchalische Idee so lebhaft um mich, wie sie alle, die Altväter, am Brunnen Bekanntschaft machen und freien und wie um die Brunnen und Quellen wohltätige Geister schweben. O der muß nie nach einer schweren Sommertagswanderung sich an des Brunnens Kühle gelabt haben, der das nicht mitempfinden kann.

Seite 141
Seite 142
erfrischt

Am 13. Mai

Du fragst, ob du mir meine Bücher schicken sollst? Lieber, ich bitte dich um Gottes willen, laß mir sie vom Hals. Ich will nicht mehr geleitet, ermuntert, angefeuret sein, braust dieses Herz doch genug aus sich selbst, ich brauche Wiegengesang, und den hab ich in seiner Fülle gefunden in meinem Homer. Wie oft lull ich mein empörendes Blut zur Ruhe, denn so ungleich, so unstet hast du nichts gesehn als dieses Herz. Lieber! Brauch ich dir das zu sagen, der du so oft die Last getragen hast, mich vom Kummer zur Ausschweifung und von süßer Melancholie zur verderblichen Leidenschaft übergehn zu sehn. Auch halt ich mein Herzchen wie ein krankes Kind, all sein Wille wird ihm gestattet. Sag das nicht weiter, es gibt Leute, die mir's verübeln würden.

vgl. „Literatur“, Seite 141 f.
Seite 142
einschläfern
erregtes
unbeständig
Seite 142
vgl. „Herz“, Seite 137 f.

Am 15. Mai

Die geringen Leute des Orts kennen mich schon und lieben mich, besonders die Kinder. Eine traurige Bemerkung hab ich gemacht. Wie ich im Anfange mich zu ihnen gesellte, sie freundschaftlich fragte über dies und das, glaubten einige, ich wollte ihrer spotten, und fertigten mich wohl gar grob ab. Ich ließ mich das nicht verdrießen, nur fühlt ich, was ich schon oft bemerkt habe, auf das lebhafteste. Leute von einigem Stande werden sich immer in kalter Entfernung vom gemeinen Volke halten, als glaubten sie, durch Annäherung zu verlieren, und dann gibt's Flüchtlinge und üble Spaßvögel, die sich

Seite 143
vgl. „Kindheit“, Seite 142 f.
Beobachtung
hier: ich ließ mir nicht die Laune verderben
in der Ständeordnung höher stehende
hier: einfachen
oberflächliche Menschen

herabzulassen scheinen, um ihren Übermut dem armen Volke desto empfindlicher zu machen.

Ich weiß wohl, daß wir nicht gleich sind, noch sein können. Aber ich halte dafür, daß der, der glaubt nötig zu haben, vom sogenannten Pöbel sich zu entfernen, um den Respekt zu erhalten, ebenso tadelhaft ist als ein Feiger, der sich für seinem Feinde verbirgt, weil er zu unterliegen fürchtet.

Letzthin kam ich zum Brunnen und fand ein junges Dienstmädchen, das ihr Gefäß auf die unterste Treppe gesetzt hatte und sich umsah, ob keine Kamerädin kommen wollte, ihr's auf den Kopf zu helfen. Ich stieg hinunter und sah sie an. „Soll ich Ihr helfen, Jungfer?" sagt ich. Sie ward rot über und über. „O nein Herr!" sagte sie. „Ohne Umstände!" Sie legte ihren Kringen zurechte, und ich half ihr. Sie dankte und stieg hinauf.

Den 17. Mai

Ich hab allerlei Bekanntschaft gemacht, Gesellschaft hab ich noch keine gefunden. Ich weiß nicht, was ich Anzügliches für die Menschen haben muß, es mögen mich ihrer so viele und hängen sich an mich, und da tut mir's immer weh, wenn unser Weg nur so eine kleine Strecke miteinander geht. Wenn du fragst, wie die Leute hier sind, muß ich dir sagen: wie überall! Es ist ein einförmig Ding ums Menschengeschlecht. Die meisten verarbeiten den größten Teil der Zeit, um zu leben, und das bißchen, das ihnen von Freiheit übrigbleibt, ängstigt sie so, daß sie alle Mittel aufsuchen, um's loszuwerden. O Bestimmung des Menschen!

Aber eine rechte gute Art Volks! Wann ich mich manchmal vergesse, manchmal mit ihnen die Freuden genieße, die so den Menschen noch gewährt sind, an einem artig besetzten Tisch mit aller Offen- und Treuherzigkeit sich

- Übermut: Überheblichkeit
- desto empfindlicher zu machen: desto unangenehmer spüren zu lassen
- halte dafür: bin der Meinung
- Pöbel: niederen Volk
- für: vor
- Jungfer: Seite 143
- Kringen: Tragring
- Gesellschaft: Freunde
- Anzügliches: vgl. 14.120
- ein einförmig Ding: eine immer gleiche Sache
- artig: hier: hübsch, nett

herumzuspaßen, eine Spazierfahrt, einen Tanz zur rechten Zeit anzuordnen und dergleichen, das tut eine ganz gute Würkung auf mich, nur muß mir nicht einfallen, daß noch so viele andere Kräfte in mir ruhen, die alle ungenutzt vermodern und die ich sorgfältig verbergen muß. Ach, das engt all das Herz so ein – Und doch! Mißverstanden zu werden ist das Schicksal von unsereinem. Ach, daß die Freundin meiner Jugend dahin ist, ach, daß ich sie je gekannt habe! Ich würde zu mir sagen: du bist ein Tor! du suchst, was hienieden nicht zu finden ist. Aber ich hab sie gehabt, ich habe das Herz gefühlt, die große Seele, in deren Gegenwart ich mir schien mehr zu sein, als ich war, weil ich alles war, was ich sein konnte. Guter Gott, blieb da eine einzige Kraft meiner Seele ungenutzt, konnt ich nicht vor ihr all das wunderbare Gefühl entwickeln, mit dem mein Herz die Natur umfaßt, war unser Umgang nicht ein ewiges Weben von feinster Empfindung, schärfstem Witze, dessen Modifikationen bis zur Unart alle mit dem Stempel des Genies bezeichnet waren? Und nun – Ach ihre Jahre, die sie voraus hatte, führten sie früher ans Grab als mich. Nie werd ich ihrer vergessen, nie ihren festen Sinn und ihre göttliche Duldung.

Vor wenig Tagen traf ich einen jungen V… an, ein offner Junge mit einer gar glücklichen Gesichtsbildung. Er kommt erst von Akademien, dünkt sich nicht eben weise, aber glaubt doch, er wüßte mehr als andere. Auch war er fleißig, wie ich an allerlei spüre, kurz, er hat hübsche Kenntnisse. Da er hörte, daß ich viel zeichnete und Griechisch konnte, zwei Meteore hierzuland, wandt er sich an mich und kramte viel Wissens aus, von Batteux bis zu Wood, von de Piles zu Winckelmann, und versicherte mich, er habe Sulzers Theorie, den ersten Teil,

- dahin ist: gestorben ist
- Tor: Seite 143
- hienieden: auf Erden
- Witze: Verstand, Geist
- Modifikationen: Abwandlungen, Erscheinungsformen
- des Genies: Seite 143
- Duldung: Geduld
- erst: gerade erst
- Akademien: hier: Universitäten
- dünkt sich: hält sich für
- zwei Meteore: im Sinne von: eine Seltenheit
- Batteux: Seite 143
- Wood, de Piles, Winckelmann: Seite 143
- Sulzers: Seite 143

ganz durchgelesen und besitze ein Manuskript von Heynen über das Studium der Antike. Ich ließ das gut sein.

Seite 143

Noch gar einen braven Kerl hab ich kennenlernen, den fürstlichen Amtmann. Einen offenen, treuherzigen Menschen. Man sagt, es soll eine Seelenfreude sein, ihn unter seinen Kindern zu sehen, deren er neune hat. Besonders macht man viel Wesens von seiner ältsten Tochter. Er hat mich zu sich gebeten, und ich will ihn ehster Tage besuchen, er wohnt auf einem fürstlichen Jagdhofe, anderthalb Stunden von hier, wohin er nach dem Tode seiner Frau zu ziehen die Erlaubnis erhielt, da ihm der Aufenthalt hier in der Stadt und dem Amthause zu weh tat. Sonst sind einige verzerrte Originale mir in Weg gelaufen, an denen alles unausstehlich ist, am unerträglichsten ihre Freundschaftsbezeugungen.

Leb wohl! der Brief wird dir recht sein, er ist ganz historisch.

einen sehr ehrlichen, rechtschaffenen, tüchtigen

Titel eines Verwaltungsbeamten

zum frühesten Termin, bald

im Sinne von: Karikaturen, entstellte natürliche Menschen

über den

sachlich berichtend

Am 22. Mai

Daß das Leben des Menschen nur ein Traum sei, ist manchem schon so vorgekommen, und auch mit mir zieht dieses Gefühl immer herum. Wenn ich die Einschränkung so ansehe, in welche die tätigen und forschenden Kräfte des Menschen eingesperrt sind, wenn ich sehe, wie alle Würksamkeit dahinaus läuft, sich die Befriedigung von Bedürfnissen zu verschaffen, die wieder keinen Zweck haben, als unsere arme Existenz zu verlängern, und dann, daß alle Beruhigung über gewisse Punkte des Nachforschens nur eine träumende Resignation ist, da man sich die Wände, zwischen denen man gefangen sitzt, mit bunten Gestalten und lichten Aussichten bemalt. Das alles, Wilhelm, macht mich stumm. Ich kehre in mich selbst zurück und finde eine Welt! Wieder mehr

hellen, schönen

in Ahndung und dunkler Begier als in Darstellung und lebendiger Kraft. Und da schwimmt alles vor meinen Sinnen, und ich lächle dann so träumend weiter in die Welt.

Vorgefühl, Ahnung

Daß die Kinder nicht wissen, warum sie wollen, darin sind alle hochgelahrte Schul- und Hofmeister einig. Daß aber auch Erwachsene gleich Kindern auf diesem Erdboden herumtaumeln, gleichwie jene nicht wissen, woher sie kommen und wohin sie gehen, ebensowenig nach wahren Zwecken handeln, ebenso durch Biskuit und Kuchen und Birkenreiser regiert werden, das will niemand gern glauben, und mich dünkt, man kann's mit Händen greifen.

hochgelehrte

Privaterzieher der Kinder

nach klaren Absichten, mit genauen Zielen

Seite 143

mir scheint

Ich gestehe dir gern, denn ich weiß, was du mir hierauf sagen möchtest, daß diejenige die glücklichsten sind, die gleich den Kindern in Tag hineinleben, ihre Puppe herumschleppen, aus- und anziehen und mit großem Respekte um die Schublade herumschleichen, wo Mama das Zuckerbrot hineinverschlossen hat, und wenn sie das gewünschte endlich erhaschen, es mit vollen Backen verzehren und rufen: „Mehr!“ Das sind glückliche Geschöpfe! Auch denen ist's wohl, die ihren Lumpenbeschäftigungen oder wohl gar ihren Leidenschaften prächtige Titel geben und sie dem Menschengeschlechte als Riesenoperationen zu dessen Heil und Wohlfahrt anschreiben. Wohl dem, der so sein kann! Wer aber in seiner Demut erkennt, wo das alles hinausläuft, der so sieht, wie artig jeder Bürger, dem's wohl ist, sein Gärtchen zum Paradiese zuzustutzen weiß und wie unverdrossen dann doch auch der Unglückliche unter der Bürde seinen Weg fortkeicht und alle gleich interessiert sind, das Licht dieser Sonne noch eine Minute länger zu sehn, ja! der ist still und bildet auch seine Welt aus sich selbst und

vgl. 16.190

Last

weiterkeucht

vgl. Kommentar zu Materialien 2, 3 und 4, Seite 158

ist auch glücklich, weil er ein Mensch ist. Und dann, so eingeschränkt er ist, hält er doch immer im Herzen das süße Gefühl von Freiheit und daß er diesen Kerker verlassen kann, wann er will.

Am 26. Mai

mich niederzulassen
hier: anheimelnden

Du kennst von alters her meine Art, mich anzubauen, irgend mir an einem vertraulichen Orte ein Hüttchen aufzuschlagen und da mit aller Einschränkung zu herbergen. Ich hab auch hier wieder ein Plätzchen angetroffen, das mich angezogen hat.

Seite 143
in der zweiten Fassung: mit einmal
Scheunen
hier: wohlig, geborgen
Seite 142
gegen

Ohngefähr eine Stunde von der Stadt liegt ein Ort, den sie Wahlheim[1] nennen. Die Lage an einem Hügel ist sehr interessant, und wenn man oben auf dem Fußpfade zum Dorfe herausgeht, übersieht man mit *einem* das ganze Tal. Eine gute Wirtin, die gefällig und munter in ihrem Alter ist, schenkt Wein, Bier, Kaffee, und was über alles geht, sind zwei Linden, die mit ihren ausgebreiteten Ästen den kleinen Platz vor der Kirche bedecken, der ringsum mit Bauerhäusern, Scheuern und Höfen eingeschlossen ist. So vertraulich, so heimlich hab ich nicht leicht ein Plätzchen gefunden, und dahin laß ich mein Tischchen aus dem Wirtshause bringen und meinen Stuhl und trinke meinen Kaffee da und lese meinen Homer. Das erstemal, als ich durch einen Zufall an einem schönen Nachmittage unter die Linden kam, fand ich das Plätzchen so einsam. Es war alles im Felde. Nur ein Knabe von ohngefähr vier Jahren saß an der Erde und hielt ein andres, etwa halbjähriges, vor ihm zwischen seinen Füßen sitzendes Kind mit beiden Armen wider

[1] Der Leser wird sich keine Mühe geben, die hier genannten Orte zu suchen; man hat sich genötigt gesehen, die im Originale befindlichen wahren Namen zu verändern.

seine Brust, so daß er ihm zu einer Art von Sessel diente und ohngeachtet der Munterkeit, womit er aus seinen schwarzen Augen herumschaute, ganz ruhig saß. Mich vergnügte der Anblick, und ich setzte mich auf einen Pflug, der gegenüber stund, und zeichnete die brüderliche Stellung mit vielem Ergötzen, ich fügte den nächsten Zaun, ein Tennentor und einige gebrochne Wagenräder bei, wie es all hintereinander stund, und fand nach Verlauf einer Stunde, daß ich eine wohlgeordnete, sehr interessante Zeichnung verfertigt hatte, ohne das mindeste von dem Meinen hinzuzutun. Das bestärkte mich in meinem Vorsatze, mich künftig allein an die Natur zu halten. Sie allein ist unendlich reich, und sie allein bildet den großen Künstler. Man kann zum Vorteile der Regeln viel sagen, ohngefähr was man zum Lobe der bürgerlichen Gesellschaft sagen kann. Ein Mensch, der sich nach ihnen bildet, wird nie etwas Abgeschmacktes und Schlechtes hervorbringen, wie einer, der sich durch Gesetze und Wohlstand modeln läßt, nie ein unerträglicher Nachbar, nie ein merkwürdiger Bösewicht werden kann; dagegen wird aber auch alle Regel, man rede, was man wolle, das wahre Gefühl von Natur und den wahren Ausdruck derselben zerstören! Sagst du, das ist zu hart! Sie schränkt nur ein, beschneidet die geilen Reben etc. Guter Freund, soll ich dir ein Gleichnis geben: es ist damit wie mit der Liebe, ein junges Herz hängt ganz an einem Mädchen, bringt alle Stunden seines Tags bei ihr zu, verschwendet all seine Kräfte, all sein Vermögen, um ihr jeden Augenblick auszudrücken, daß er sich ganz ihr hingibt. Und da käme ein Philister, ein Mann, der in einem öffentlichen Amte steht, und sagte zu ihm: „Feiner junger Herr, Lieben ist menschlich, nur müßt Ihr menschlich lieben! Teilet Eure Stunden ein, die ei-

ohngeachtet: ungeachtet
Ergötzen: Vergnügen
Tennentor: Scheunentor
Natur: Seite 138 f.
Regeln: gemeint sind: Kunstregeln
Abgeschmacktes: Geschmackloses
Wohlstand: Anstand
modeln: formen
merkwürdiger: vgl. 13.91
geilen: Seite 143
Philister: Seite 143 f.

nen zur Arbeit, und die Erholungsstunden widmet Eurem Mädchen, berechnet Euer Vermögen, und was Euch von Eurer Notdurft übrigbleibt, davon verwehr ich Euch nicht, ihr ein Geschenk, nur nicht zu oft, zu machen. Etwa zu ihrem Geburts- und Namenstage etc.“ – Folgt der Mensch, so gibt’s einen brauchbaren jungen Menschen, und ich will selbst jedem Fürsten raten, ihn in ein Kollegium zu setzen, nur mit seiner Liebe ist’s am Ende, und wenn er ein Künstler ist, mit seiner Kunst. O meine Freunde! warum der Strom des Genies so selten ausbricht, so selten in hohen Fluten hereinbraust und eure staunende Seele erschüttert. Lieben Freunde, da wohnen die gelaßnen Kerls auf beiden Seiten des Ufers, denen ihre Gartenhäuschen, Tulpenbeete und Krautfelder zugrunde gehen würden und die daher in Zeiten mit Dämmen und Ableiten der künftig drohenden Gefahr abzuwehren wissen.

Am 27. Mai

Ich bin, wie ich sehe, in Verzückung, Gleichnisse und Deklamation verfallen und habe drüber vergessen, dir auszuerzählen, was mit den Kindern weiter worden ist. Ich saß ganz in malerische Empfindungen vertieft, die dir mein gestriges Blatt sehr zerstückt darlegt, auf meinem Pfluge wohl zwei Stunden. Da kommt gegen Abend eine junge Frau auf die Kinder los, die sich die Zeit nicht gerührt hatten, mit einem Körbchen am Arme, und ruft von weitem: „Philips, du bist recht brav.“ Sie grüßte mich, ich dankte ihr, stand auf, trat näher hin und fragte sie, ob sie Mutter zu den Kindern wäre. Sie bejahte es, und indem sie dem Ältesten einen halben Weck gab, nahm sie das Kleine auf und küßte es mit aller mütterlichen Liebe. „Ich habe“, sagte sie, „meinem Philips das Kleine zu halten gegeben und bin in die Stadt gegangen

notwendiges Bedürfnis

hier: Behörde

Seite 143

gelassenen, die nichts aus der Ruhe bringt

im Sinne von: pathetischen Stil

zu Ende

reizvolle

mein Brief von gestern

hier: folgsam

Brötchen

mit meinem Ältsten, um weiß Brot zu holen und Zucker und ein irden Breipfännchen." Ich sah das alles in dem Korbe, dessen Deckel abgefallen war. „Ich will meinem Hans" (das war der Name des Jüngsten) „ein Süppchen kochen zum Abende; der lose Vogel, der Große, hat mir gestern das Pfännchen zerbrochen, als er sich mit Philipsen um die Scharre des Breis zankte." Ich fragte nach dem Ältesten, und sie hatte mir kaum gesagt, daß er auf der Wiese sich mit ein paar Gänsen herumjagte, als er hergesprungen kam und dem Zweiten eine Haselgerte mitbrachte. Ich unterhielt mich weiter mit dem Weibe und erfuhr, daß sie des Schulmeisters Tochter sei und daß ihr Mann eine Reise in die Schweiz gemacht habe, um die Erbschaft eines Vettern zu holen. „Sie haben ihn drum betrügen wollen", sagte sie, „und ihm auf seine Briefe nicht geantwortet, da ist er selbst hineingegangen. Wenn ihm nur kein Unglück passiert ist, ich höre nichts von ihm." Es ward mir schwer, mich von dem Weibe loszumachen, gab jedem der Kinder einen Kreuzer, und auch fürs jüngste gab ich ihr einen, ihm einen Weck mitzubringen zur Suppe, wenn sie in die Stadt ging, und so schieden wir voneinander.

Gefäß aus Ton oder Steingut

Schimpfwort

den Rest

Rute aus Haselnusszweigen

nicht abwertend gemeint

wie „Gulden", „Dukaten" und „Taler" eine Münze

Ich sage dir, mein Schatz, wenn meine Sinnen gar nicht mehr halten wollen, so lindert's all den Tumult, der Anblick eines solchen Geschöpfs, das in der glücklichen Gelassenheit so den engen Kreis seines Daseins ausgeht, von einem Tag zum andern sich durchhilft, die Blätter abfallen sieht und nichts dabei denkt, als daß der Winter kömmt.

Seite 137 (11.12)

Seit der Zeit bin ich oft drauß, die Kinder sind ganz an mich gewöhnt. Sie kriegen Zucker, wenn ich Kaffee trinke, und teilen das Butterbrot und die saure Milch mit mir des Abends. Sonntags fehlt ihnen der Kreuzer nie, und wenn ich nicht nach der Betstunde da bin, so hat die Wirtin Ordre, ihn auszubezahlen.

Sie sind vertraut, erzählen mir allerhand, und besonders ergötz ich mich an ihren Leidenschaften und simplen Ausbrüchen des Begehrens, wenn mehr Kinder aus dem Dorfe sich versammeln.

Viel Mühe hat mich's gekostet, der Mutter ihre Besorgnis zu benehmen: „Sie möchten den Herrn inkommodieren."

Am 16. Juni

Warum ich dir nicht schreibe? Fragst du das und bist doch auch der Gelehrten einer. Du solltest raten, daß ich mich wohl befinde, und zwar – Kurz und gut, ich habe eine Bekanntschaft gemacht, die mein Herz näher angeht. Ich habe – ich weiß nicht.

Dir in der Ordnung zu erzählen, wie's zugegangen ist, daß ich eins der liebenswürdigsten Geschöpfe habe kennenlernen, wird schwer halten; ich bin vergnügt und glücklich und so kein guter Historienschreiber.

Einen Engel! Pfui! das sagt jeder von der Seinigen! Nicht wahr? Und doch bin ich nicht imstande, dir zu sagen, wie sie vollkommen ist, warum sie vollkommen ist, genug, sie hat all meinen Sinn gefangengenommen.

So viel Einfalt bei so viel Verstand, so viel Güte bei so viel Festigkeit, und die Ruhe der Seele bei dem wahren Leben und der Tätigkeit. –

Das ist alles garstiges Gewäsche, was ich da von ihr sage, leidige Abstraktionen, die nicht einen Zug ihres Selbst ausdrücken. Ein andermal – Nein, nicht ein andermal, jetzt gleich will ich dir's erzählen. Tu ich's jetzt nicht, geschäh's niemals. Denn, unter uns, seit ich angefangen habe zu schreiben, war ich schon dreimal im Begriffe, die Feder niederzulegen, mein Pferd satteln zu lassen

Betstunde: Seite 144
Ordre: frz.: Anweisung, Auftrag
ergötz: vgl. 11.25
simplen: unschuldig, unverstellt, einfach
inkommodieren: stören, belästigen
der Gelehrten einer: ein studierter Mann (hier ironisch)
Historienschreiber: im Sinne von: sachlicher Berichterstatter
Einfalt: Schlichtheit, Einfachheit, Unschuld (im positiven Sinn)
garstiges Gewäsche: widerwärtiges Geschwätz, leeres Gerede
leidige: lästige

und hinauszureiten, und doch schwur ich mir heut früh, nicht hinauszureiten – und gehe doch alle Augenblicke ans Fenster, zu sehen, wie hoch die Sonne noch steht. Ich hab's nicht überwinden können, ich mußte zu ihr hinaus. Da bin ich wieder, Wilhelm, und will mein Butterbrot zu Nacht essen und dir schreiben. Welch eine Wonne das für meine Seele ist, sie in dem Kreise der lieben, muntern Kinder, ihrer acht Geschwister, zu sehen! –

vgl. 14.97

Wenn ich so fortfahre, wirst du am Ende so klug sein wie am Anfange; höre denn, ich will mich zwingen, ins Detail zu gehen.

Ich schrieb dir neulich, wie ich den Amtmann S… habe kennenlernen und wie er mich gebeten habe, ihn bald in seine Einsiedelei oder vielmehr seinem kleinen Königreiche zu besuchen. Ich vernachlässigte das und wäre vielleicht nie hingekommen, hätte mir der Zufall nicht den Schatz entdeckt, der in der stillen Gegend verborgen liegt.

Unsere jungen Leute hatten einen Ball auf dem Lande angestellt, zu dem ich mich denn auch willig finden ließ. Ich bot einem hiesigen guten, schönen, weiters unbedeutenden Mädchen die Hand, und es wurde ausgemacht, daß ich eine Kutsche nehmen, mit meiner Tänzerin und ihrer Base nach dem Orte der Lustbarkeit hinausfahren und auf dem Wege Charlotten S… mitnehmen sollte. „Sie werden ein schönes Frauenzimmer kennenlernen", sagte meine Gesellschafterin, da wir durch den weiten, schön ausgehauenen Wald nach dem Jagdhause fuhren. „Nehmen Sie sich in acht", versetzte die Base, „daß Sie sich nicht verlieben!" – „Wieso?" sagt ich. „Sie ist schon vergeben", antwortete jene, „an einen sehr braven Mann, der weggereist ist, seine Sachen in Ordnung zu bringen

organisiert

bot mich als ihr Tanzpartner an

von hier stammenden

Tante (Schwester des Vaters)

Vergnügungsort

feine, gebildete Frau

Tanzpartnerin

ausgelichteten, von Unterholz befreiten

vgl. 18.228

nach seines Vaters Tod und sich um eine ansehnliche Versorgung zu bewerben." Die Nachricht war mir ziemlich gleichgültig.

Die Sonne war noch eine Viertelstunde vom Gebürge, als wir vor dem Hoftore anfuhren; es war sehr schwüle, und die Frauenzimmer äußerten ihre Besorgnis wegen eines Gewitters, das sich in weißgrauen, dumpfigen Wölkchen rings am Horizonte zusammenzuziehen schien. Ich täuschte ihre Furcht mit anmaßlicher Wetterkunde, ob mir gleich selbst zu ahnden anfing, unsere Lustbarkeit werde einen Stoß leiden.

Ich war ausgestiegen. Und eine Magd, die ans Tor kam, bat uns, einen Augenblick zu verziehen, Mamsell Lottchen würde gleich kommen. Ich ging durch den Hof nach dem wohlgebauten Hause, und da ich die vorliegenden Treppen hinaufgestiegen war und in die Türe trat, fiel mir das reizendste Schauspiel in die Augen, das ich jemals gesehen habe. In dem Vorsaale wimmelten sechs Kinder, von eilf zu zwei Jahren, um ein Mädchen von schöner mittlerer Taille, die ein simples weißes Kleid mit blaßroten Schleifen an Arm und Brust anhatte. Sie hielt ein schwarzes Brot und schnitt ihren Kleinen ringsherum jedem sein Stück nach Proportion ihres Alters und Appetites ab, gab's jedem mit solcher Freundlichkeit, und jedes rufte so ungekünstelt sein „Danke!", indem es mit den kleinen Händchen lang in die Höh gereicht hatte, eh es noch abgeschnitten war, und nun mit seinem Abendbrote vergnügt entweder wegsprang oder nach seinem stillern Charakter gelassen davon nach dem Hoftore zuging, um die Fremden und die Kutsche zu sehen, darinnen ihre Lotte wegfahren sollte. „Ich bitte um Vergebung", sagte sie, „daß ich Sie hereinbemühe und die Frauenzimmer warten lasse. Über dem Anziehen und allerlei Bestellun-

Amt, Stellung

düsteren, dunklen

angemaßter

obwohl ich selbst zu ahnen anfing

warten, verweilen

Anrede einer bürgerlichen, unverheirateten Frau

im Sinne von: durchschnittlicher

Seite 144

Erledigungen

gen fürs Haus in meiner Abwesenheit habe ich vergessen, meinen Kindern ihr Vesperstück zu geben, und sie wollen von niemanden Brot geschnitten haben als von mir." Ich machte ihr ein unbedeutendes Kompliment, und meine ganze Seele ruhte auf der Gestalt, dem Tone, dem Betragen, und hatte eben Zeit, mich von der Überraschung zu erholen, als sie in die Stube lief, ihre Handschuh und Fächer zu nehmen. Die Kleinen sahen mich in einiger Entfernung so von der Seite an, und ich ging auf das Jüngste los, das ein Kind von der glücklichsten Gesichtsbildung war. Es zog sich zurück, als eben Lotte zur Türe herauskam und sagte: „Louis, gib dem Herrn Vetter eine Hand." Das tat der Knabe sehr freimütig, und ich konnte mich nicht enthalten, ihn ohngeachtet seines kleinen Rotznäschens herzlich zu küssen. „Vetter?" sagt ich, indem ich ihr die Hand reichte, „glauben Sie, daß ich des Glücks wert sei, mit Ihnen verwandt zu sein?" – „Oh!" sagte sie mit einem leichtfertigen Lächeln, „unsere Vetterschaft ist sehr weitläufig, und es wäre mir leid, wenn Sie der schlimmste drunter sein sollten." Im Gehen gab sie Sophien, der ältsten Schwester nach ihr, einem Mädchen von ohngefähr eilf Jahren, den Auftrag, wohl auf die Kleinen achtzuhaben und den Papa zu grüßen, wenn er vom Spazierritte zurückkäme. Den Kleinen sagte sie, sie sollten ihrer Schwester Sophie folgen, als wenn sie's selbst wäre, das denn auch einige ausdrücklich versprachen. Eine kleine nasweise Blondine aber, von ohngefähr sechs Jahren, sagte: „Du bist's doch nicht, Lottchen! wir haben dich doch lieber." Die zwei ältsten der Knaben waren hinten auf die Kutsche geklettert, und auf mein Vorbitten erlaubte sie ihnen, bis vor den Wald mitzufahren, wenn sie versprächen, sich nicht zu necken und sich recht festzuhalten.

Vesperstück: hier: Abendbrot
Kompliment: Höflichkeitsbezeugung
glücklichsten: schönsten
Vetter: jeder männliche Verwandte
freimütig: offenherzig
ich konnte mich nicht enthalten: ich konnte es nicht lassen
ohngeachtet: trotz
eilf: elf
nasweise: vorlaute
Vorbitten: Fürbitten

begrüßt
Kleidung
schonungslos beredet, beklatscht
vgl. „Literatur“, Seite 141 f.

Wir hatten uns kaum zurechtgesetzt, die Frauenzimmer sich bewillkommt, wechselsweis über den Anzug und vorzüglich die Hütchen ihre Anmerkungen gemacht und die Gesellschaft, die man zu finden erwartete, gehörig durchgezogen, als Lotte den Kutscher halten und ihre Brüder herabsteigen ließ, die noch einmal ihre Hand zu küssen begehrten, das denn der ältste mit aller Zärtlichkeit, die dem Alter von funfzehn Jahren eigen sein kann, der andere mit viel Heftigkeit und Leichtsinn tat. Sie ließ die Kleinen noch einmal grüßen, und wir fuhren weiter. Die Base fragte, ob sie mit dem Buche fertig wäre, das sie ihr neulich geschickt hätte. „Nein“, sagte Lotte, „es gefällt mir nicht, Sie können's wiederhaben. Das vorige war auch nicht besser.“ Ich erstaunte, als ich fragte, was es für Bücher wären, und sie mir antwortete:[2] – Ich fand so viel Charakter in allem, was sie sagte, ich sah mit jedem Wort neue Reize, neue Strahlen des Geistes aus ihren Gesichtszügen hervorbrechen, die sich nach und nach vergnügt zu entfalten schienen, weil sie an mir fühlte, daß ich sie verstund.

Unglück
Seite 144

„Wie ich jünger war“, sagte sie, „liebte ich nichts so sehr als die Romanen. Weiß Gott, wie wohl mir's war, mich so sonntags in ein Eckchen zu setzen und mit ganzem Herzen an dem Glücke und Unstern einer Miß Jenny teilzunehmen. Ich leugne auch nicht, daß die Art noch einige Reize für mich hat. Doch da ich so selten an ein Buch komme, so müssen sie auch recht nach meinem Geschmacke sein. Und der Autor ist mir der liebste, in dem ich meine Welt wiederfinde, bei dem's zugeht wie

---

[2] Man sieht sich genötigt, diese Stelle des Briefs zu unterdrücken, um niemand Gelegenheit zu einiger Beschwerde zu geben. Obgleich im Grunde jedem Autor wenig an dem Urteile eines einzelnen Mädchens und eines jungen, unsteten Menschen gelegen sein kann.

um mich, und dessen Geschichte mir doch so interessant, so herzlich wird als mein eigen häuslich Leben, das freilich kein Paradies, aber doch im ganzen eine Quelle unsäglicher Glückseligkeit ist.“

unsagbarer

Ich bemühte mich, meine Bewegungen über diese Worte zu verbergen. Das ging freilich nicht weit, denn da ich sie mit solcher Wahrheit im Vorbeigehn vom Landpriester von Wakefield, vom – [3] reden hörte, kam ich eben außer mich und sagte ihr alles, was ich wußte, und bemerkte erst nach einiger Zeit, da Lotte das Gespräch an die andern wendete, daß diese die Zeit über mit offnen Augen, als säßen sie nicht da, dagesessen hatten. Die Base sah mich mehr als einmal mit einem spöttischen Näschen an, daran mir aber nichts gelegen war.

Seite 144

was mich aber nicht interessierte

Das Gespräch fiel auf das Vergnügen am Tanze. „Wenn diese Leidenschaft ein Fehler ist“, sagte Lotte, „so gesteh ich Ihnen gern, ich weiß nichts übers Tanzen. Und wenn ich was im Kopfe habe und mir auf meinem verstimmten Klaviere einen Contretanz vortrommle, so ist alles wieder gut.“

Gruppentanz, bei dem je zwei Paare mit- und gegeneinander tanzen

Wie ich mich unter dem Gespräche in den schwarzen Augen weidete, wie die lebendigen Lippen und die frischen, muntern Wangen meine ganze Seele anzogen, wie ich, in den herrlichen Sinn ihrer Rede ganz versunken, oft gar die Worte nicht hörte, mit denen sie sich ausdruckte! Davon hast du eine Vorstellung, weil du mich kennst. Kurz, ich stieg aus dem Wagen wie ein Träumender, als wir vor dem Lusthause stillhielten, und war so in Träumen rings in der dämmernden Welt verloren, daß

(an den Augen) erfreute

Vergnügungsstätte im Park oder auf dem Land

[3] Man hat auch hier die Namen einiger vaterländischen Autoren ausgelassen. Wer teil an Lottens Beifall hatte, wird es gewiß an seinem Herzen fühlen, wenn er diese Stelle lesen sollte. Und sonst braucht's ja niemand zu wissen.

ich auf die Musik kaum achtete, die uns von dem erleuchteten Saale herunter entgegenschallte.

Seite 144

Tür der Kutsche

Die zwei Herren Audran und ein gewisser N.N., wer behält all die Namen! die der Base und Lottens Tänzer waren, empfingen uns am Schlage, bemächtigten sich ihrer Frauenzimmer, und ich führte die meinige hinauf.

Einzelpaartänze

unaussteh-lichsten

Wir schlangen uns in Menuetts umeinander herum, ich forderte ein Frauenzimmer nach dem andern auf, und just die unleidlichsten konnten nicht dazu kommen, einem die Hand zu reichen und ein Ende zu machen.

Gruppentanz

Lotte und ihr Tänzer fingen einen Englischen an, und wie wohl mir's war, als sie auch in der Reihe die Figur mit uns anfing, magst du fühlen. Tanzen muß man sie sehen. Siehst du, sie ist so mit ganzem Herzen und mit ganzer Seele dabei, ihr ganzer Körper eine Harmonie, so sorglos, so unbefangen, als wenn das eigentlich alles wäre, als wenn sie sonst nichts dächte, nichts empfände, und in dem Augenblicke gewiß schwindet alles andere vor ihr.

vgl. 29.598

Seite 144

(franz. Hut): Tänzer, Tanzpartner

abgemacht

Ich bat sie um den zweiten Contretanz, sie sagte mir den dritten zu, und mit der liebenswürdigsten Freimütigkeit von der Welt versicherte sie mich, daß sie herzlich gern deutsch tanzte. „Es ist hier so Mode", fuhr sie fort, „daß jedes Paar, das zusammengehört, beim Deutschen zusammenbleibt, und mein Chapeau walzt schlecht und dankt mir's, wenn ich ihm die Arbeit erlasse; Ihr Frauenzimmer kann's auch nicht und mag nicht, und ich habe im Englischen gesehn, daß Sie gut walzen; wenn Sie nun mein sein wollen fürs Deutsche, so gehn Sie und bitten sich's aus von meinem Herrn, ich will zu Ihrer Dame gehen." Ich gab ihr die Hand drauf, und es wurde schon arrangiert, daß ihrem Tänzer inzwischen die Unterhaltung meiner Tänzerin aufgetragen ward.

Nun ging's, und wir ergötzten uns eine Weile an manchfaltigen Schlingungen der Arme. Mit welchem Reize, mit welcher Flüchtigkeit bewegte sie sich! Und da wir nun gar ans Walzen kamen und wie die Sphären umeinander herumrollten, ging's freilich anfangs, weil's die wenigsten können, ein bißchen bunt durcheinander. Wir waren klug und ließen sie austoben, und wie die Ungeschicktesten den Plan geräumt hatten, fielen wir ein und hielten mit noch einem Paare, mit Audran und seiner Tänzerin, wacker aus. Nie ist mir's so leicht vom Flecke gegangen. Ich war kein Mensch mehr. Das liebenswürdigste Geschöpf in den Armen zu haben und mit ihr herumzufliegen wie Wetter, daß alles ringsumher verging, und – Wilhelm, um ehrlich zu sein, tat ich aber doch den Schwur, daß ein Mädchen, das ich liebte, auf das ich Ansprüche hätte, mir nie mit einem andern walzen sollte als mit mir, und wenn ich drüber zugrunde gehen müßte, du verstehst mich.

- vgl. 11.25
- vgl. 13.91
- Leichtigkeit
- wie die Himmelskörper im Planetensystem
- die Tanzfläche
- tapfer
- von der Hand gegangen
- wie ein Blitz

Wir machten einige Touren gehend im Saale, um zu verschnaufen. Dann setzte sie sich, und die Zitronen, die ich weggestohlen hatte beim Punschmachen, die nun die einzigen noch übrigen waren und die ich ihr in Schnittchen mit Zucker zur Erfrischung brachte, taten fürtreffliche Würkung, nur daß mir mit jedem Schnittchen, das ihre Nachbarin aus der Tasse nahm, ein Stich durchs Herz ging, der ich's nun freilich schandenhalber mit präsentieren mußte.

- Rundgänge
- alkoholisches Getränk mit Rum
- um Schande zu vermeiden

Beim dritten Englischen waren wir das zweite Paar. Wie wir die Reihe so durchtanzten und ich, weiß Gott mit wieviel Wonne, an ihrem Arme und Auge hing, das voll vom wahrsten Ausdrucke des offensten, reinsten Vergnügens war, kommen wir an eine Frau, die mir wegen ihrer liebenswürdigen Miene auf einem nicht mehr ganz jun-

- vgl. 14.97

gen Gesichte merkwürdig gewesen war. Sie sieht Lotten lächelnd an, hebt einen drohenden Finger auf und nennt den Namen Albert zweimal im Vorbeifliegen mit viel Bedeutung.

vgl. 13.91

„Wer ist Albert?“ sagte ich zu Lotten, „wenn's nicht Vermessenheit ist zu fragen.“ Sie war im Begriffe zu antworten, als wir uns scheiden mußten, die große Achte zu machen, und mich dünkte einiges Nachdenken auf ihrer Stirne zu sehen, als wir so voreinander vorbeikreuzten. „Was soll ich's Ihnen leugnen“, sagte sie, indem sie mir die Hand zur Promenade bot. „Albert ist ein braver Mensch, dem ich so gut als verlobt bin!“ Nun war mir das nichts Neues, denn die Mädchen hatten mir's auf dem Wege gesagt, und war mir doch so ganz neu, weil ich das noch nicht im Verhältnisse auf sie, die mir in so wenig Augenblicken so wert geworden war, gedacht hatte. Genug, ich verwirrte mich, vergaß mich und kam zwischen das unrechte Paar hinein, daß alles drunter und drüber ging und Lottens ganze Gegenwart und Zerren und Ziehen nötig war, um's schnell wieder in Ordnung zu bringen.

Anmaßung

Tanzfigur

vgl. 19.269

promenieren, d. h. gehen im normalen Tempo

vgl. 18.228

Der Tanz war noch nicht zu Ende, als die Blitze, die wir schon lange am Horizonte leuchten gesehn und die ich immer für Wetterkühlen ausgegeben hatte, viel stärker zu werden anfingen und der Donner die Musik überstimmte. Drei Frauenzimmer liefen aus der Reihe, denen ihre Herren folgten, die Unordnung ward allgemein, und die Musik hörte auf. Es ist natürlich, wenn uns ein Unglück oder etwas Schröckliches im Vergnügen überrascht, daß es stärkere Eindrücke auf uns macht als sonst, teils wegen dem Gegensatze, der sich so lebhaft empfinden läßt, teils und noch mehr, weil unsere Sinnen einmal der Fühlbarkeit geöffnet sind und also desto schneller einen Eindruck annehmen. Diesen Ursa-

Wetterleuchten

Erschreckendes

Empfänglichkeit für Regungen des Gefühls

chen muß ich die wunderbaren Grimassen zuschreiben, in die ich mehrere Frauenzimmer ausbrechen sah. Die Klügste setzte sich in eine Ecke, mit dem Rücken gegen das Fenster, und hielt die Ohren zu, eine andere kniete sich vor ihr nieder und verbarg den Kopf in der ersten Schoß, eine dritte schob sich zwischen beide hinein und umfaßte ihre Schwesterchen mit tausend Tränen. Einige wollten nach Hause, andere, die noch weniger wußten, was sie taten, hatten nicht so viel Besinnungskraft, den Keckheiten unserer jungen Schluckers zu steuern, die sehr beschäftigt zu sein schienen, alle die ängstlichen Gebete, die dem Himmel bestimmt waren, von den Lippen der schönen Bedrängten wegzufangen. Einige unserer Herren hatten sich hinabbegeben, um ein Pfeifchen in Ruhe zu rauchen, und die übrige Gesellschaft schlug es nicht aus, als die Wirtin auf den klugen Einfall kam, uns ein Zimmer anzuweisen, das Läden und Vorhänge hätte. Kaum waren wir da angelangt, als Lotte beschäftigt war, einen Kreis von Stühlen zu stellen, die Gesellschaft zu setzen und den Vortrag zu einem Spiele zu tun.

Ich sahe manchen, der in Hoffnung auf ein saftiges Pfand sein Mäulchen spitzte und seine Glieder reckte. „Wir spielen Zählens“, sagte sie, „nun gebt acht! Ich gehe im Kreise herum von der Rechten zur Linken, und so zählt ihr auch ringsherum jeder die Zahl, die an ihn kommt, und das muß gehn wie ein Lauffeuer, und wer stockt oder sich irrt, kriegt eine Ohrfeige, und so bis tausend.“ Nun war das lustig anzusehn. Sie ging mit ausgestrecktem Arme im Kreise herum: „Eins!“ fing der erste an, der Nachbar „zwei!“, „drei!“ der folgende, und so fort; dann fing sie an, geschwinder zu gehen, immer geschwinder. Da versah’s einer, patsch! eine Ohrfeige, und über das Gelächter der folgende auch: patsch! Und immer geschwin-

wunderlichen

Prasser, Schlemmer (abschätzig)

Erläuterung, Vorschlag

Kuss beim Pfänderspiel

schnell

der. Ich selbst kriegte zwei Maulschellen und glaubte mit innigem Vergnügen zu bemerken, daß sie stärker seien, als sie sie den übrigen zuzumessen pflegte. Ein allgemeines Gelächter und Geschwärme machte dem Spiele ein Ende, ehe noch das Tausend ausgezählt war. Die Vertrautesten zogen einander beiseite, das Gewitter war vorüber, und ich folgte Lotten in den Saal. Unterwegs sagte sie: „Über die Ohrfeigen haben sie Wetter und alles vergessen!" Ich konnte ihr nichts antworten. „Ich war", fuhr sie fort, „eine der Furchtsamsten, und indem ich mich herzhaft stellte, um den andern Mut zu geben, bin ich mutig geworden." Wir traten ans Fenster, es donnerte abseitswärts, und der herrliche Regen säuselte auf das Land, und der erquickendste Wohlgeruch stieg in aller Fülle einer warmen Luft zu uns auf. Sie stand auf ihrem Ellenbogen gestützt, und ihr Blick durchdrang die Gegend, sie sah gen Himmel und auf mich, ich sah ihr Auge tränenvoll, sie legte ihre Hand auf die meinige und sagte: „Klopstock!" Ich versank in dem Strome von Empfindungen, den sie in dieser Losung über mich ausgoß. Ich ertrug's nicht, neigte mich auf ihre Hand und küßte sie unter den wonnevollesten Tränen. Und sah nach ihrem Auge wieder – Edler! hättest du deine Vergötterung in diesem Blicke gesehn, und möcht ich nun deinen so oft entweihten Namen nie wieder nennen hören!

Am 19. Juni

Wo ich neulich mit meiner Erzählung geblieben bin, weiß ich nicht mehr; das weiß ich, daß es zwei Uhr des Nachts war, als ich zu Bette kam, und daß, wenn ich dir hätte vorschwätzen können, statt zu schreiben, ich dich vielleicht bis an Tag aufgehalten hätte.

Was auf unserer Hereinfahrt vom Balle passiert ist, hab ich noch nicht erzählt, hab auch heute keinen Tag dazu.

Ohrfeigen

zuteilte

das Unwetter, das Gewitter

wohltuendste

Seite 144

Erkennungswort

süßesten, wollüstigsten

vgl. „Herz", Seite 137 f.

gemeint ist Klopstock

zum

Heimfahrt in die Stadt

Es war der liebwürdigste Sonnenaufgang. Der tröpfelnde Wald und das erfrischte Feld umher! Unsere Gesellschafterinnen nickten ein. Sie fragte mich, ob ich nicht auch von der Partie sein wollte, ihrentwegen sollt ich unbekümmert sein. „Solang ich diese Augen offen sehe“, sagt ich und sah sie fest an, „solang hat’s keine Gefahr.“ Und wir haben beide ausgehalten bis an ihr Tor, da ihr die Magd leise aufmachte und auf ihre Fragen vom Vater und den Kleinen versicherte, daß alles wohl sei und noch schlief. Und da verließ ich sie mit dem Versichern, sie selbigen Tags noch zu sehn, und hab mein Versprechen gehalten, und seit der Zeit können Sonne, Mond und Sterne geruhig ihre Wirtschaft treiben, ich weiß weder, daß Tag noch daß Nacht ist, und die ganze Welt verliert sich um mich her.

Begleiterinnen

mitkommen

Am 21. Juni

Ich lebe so glückliche Tage, wie sie Gott seinen Heiligen ausspart, und mit mir mag werden, was will; so darf ich nicht sagen, daß ich die Freuden, die reinsten Freuden des Lebens nicht genossen habe. Du kennst mein Wahlheim. Dort bin ich völlig etabliert. Von dort hab ich nur eine halbe Stunde zu Lotten, dort fühl ich mich selbst und alles Glück, das dem Menschen gegeben ist.

vorbehält

zu Hause, ansässig

Hätte ich gedacht, als ich mir Wahlheim zum Zwecke meiner Spaziergänge wählte, daß es so nahe am Himmel läge! Wie oft habe ich das Jagdhaus, das nun alle meine Wünsche einschließt, auf meinen weiten Wanderungen bald vom Berge, bald in der Ebne über den Fluß gesehn. Lieber Wilhelm, ich habe allerlei nachgedacht, über die Begier im Menschen, sich auszubreiten, neue Entdeckungen zu machen, herumzuschweifen; und dann wieder über den innern Trieb, sich der Einschränkung willig zu ergeben und in dem Gleise der Gewohnheit so

Ziel

hinzufahren und sich weder um rechts noch links zu bekümmern.

Es ist wunderbar, wie ich hierher kam und vom Hügel in das schöne Tal schaute, wie es mich ringsumher anzog. Dort das Wäldchen! Ach könntest du dich in seine Schatten mischen! Dort die Spitze des Bergs! Ach könntest du von da die weite Gegend überschauen! Die ineinander gekettete Hügel und vertrauliche Täler. O könnte ich mich in ihnen verlieren! – Ich eilte hin! und kehrte zurück und hatte nicht gefunden, was ich hoffte. O es ist mit der Ferne wie mit der Zukunft! Ein großes dämmerndes Ganze ruht vor unserer Seele, unsere Empfindung verschwimmt sich darinne wie unser Auge, und wir sehnen uns, ach! unser ganzes Wesen hinzugeben, uns mit all der Wonne eines einzigen großen herrlichen Gefühls ausfüllen zu lassen. – Und ach! wenn wir hinzueilen, wenn das Dort nun Hier wird, ist alles vor wie nach, und wir stehen in unserer Armut, in unserer Eingeschränktheit, und unsere Seele lechzt nach entschlüpftem Labsale.

Und so sehnt sich der unruhigste Vagabund zuletzt wieder nach seinem Vaterlande und findet in seiner Hütte, an der Brust seiner Gattin, in dem Kreise seiner Kinder und der Geschäfte zu ihrer Erhaltung all die Wonne, die er in der weiten, öden Welt vergebens suchte.

Wenn ich so des Morgens mit Sonnenaufgange hinausgehe nach meinem Wahlheim und dort im Wirtsgarten mir meine Zuckererbsen selbst pflücke, mich hinsetze und sie abfädme und dazwischen lese in meinem Homer. Wenn ich denn in der kleinen Küche mir einen Topf wähle, mir Butter aussteche, meine Schoten ans Feuer stelle, zudecke und mich dazusetze, sie manchmal umzuschütteln. Da fühl ich so lebhaft, wie die herrlichen,

scheren

vgl. 20.297

vgl. 14.97

sehnt sich nach

entgangener Stärkung, Erquickung

Landstreicher, Herumtreiber

Verrichtungen

vgl. 14.97

den Faden der Erbsenschote herunterziehen

Seite 142

übermütigen Freier der Penelope Ochsen und Schweine schlachten, zerlegen und braten. Es ist nichts, das mich so mit einer stillen, wahren Empfindung ausfüllte als die Züge patriarchalischen Lebens, die ich, Gott sei Dank, ohne Affektation in meine Lebensart verweben kann.

Seite 144
Seite 141 (14.125)
Ziererei, Künstelei

Wie wohl ist mir's, daß mein Herz die simple, harmlose Wonne des Menschen fühlen kann, der ein Krauthaupt auf seinen Tisch bringt, das er selbst gezogen, und nun nicht den Kohl allein, sondern all die guten Tage, den schönen Morgen, da er ihn pflanzte, die lieblichen Abende, da er ihn begoß und da er an dem fortschreitenden Wachstume seine Freude hatte, alle in einem Augenblicke wieder mitgenießt.

vgl. 24.422
vgl. 14.97
Kohlkopf

Am 29. Juni

Vorgestern kam der Medikus hier aus der Stadt hinaus zum Amtmanne und fand mich auf der Erde unter Lottens Kindern, wie einige auf mir herumkrabbelten, andere mich neckten und wie ich sie kützelte und ein großes Geschrei mit ihnen verführte. Der Doktor, der eine sehr dogmatische Drahtpuppe ist und im Diskurs seine Manschetten in Falten legt und den Kräusel bis zum Nabel herauszupft, fand dieses unter der Würde eines gescheuten Menschen, das merkte ich an seiner Nase. Ich ließ mich aber in nichts stören, ließ ihn sehr vernünftige Sachen abhandeln und baute den Kindern ihre Kartenhäuser wieder, die sie zerschlagen hatten. Auch ging er darauf in der Stadt herum und beklagte: des Amtmanns Kinder wären schon ungezogen genug, der Werther verdürbe sie nun völlig.

Arzt
vgl. „Kindheit", Seite 142 f.
Seite 144
Gespräch
Spitzenvorsatz am Hemdsärmel
Hemdrüsche
in der zweiten Fassung: ohne Ende
gescheiten

Ja, lieber Wilhelm, meinem Herzen sind die Kinder am nächsten auf der Erde. Wenn ich so zusehe und in dem kleinen Dinge die Keime aller Tugenden, aller Kräfte sehe, die sie einmal so nötig brauchen werden, wenn ich in dem Eigensinne alle die künftige Standhaftigkeit und Festigkeit des Charakters, in dem Mutwillen allen künftigen guten Humor und die Leichtigkeit, über alle die Gefahren der Welt hinzuschlüpfen, erblicke, alles so unverdorben, so ganz! Immer, immer wiederhol ich die goldnen Worte des Lehrers der Menschen: Wenn ihr nicht werdet wie eines von diesen! Und nun, mein Bester, sie, die unsersgleichen sind, die wir als unsere Muster ansehen sollten, behandeln wir als Untertanen. Sie sollen keinen Willen haben! – Haben wir denn keinen? und wo liegt das Vorrecht? – Weil wir älter sind und gescheuter? – Guter Gott von deinem Himmel, alte Kinder siehst du und junge Kinder und nichts weiter, und an welchen du mehr Freude hast, das hat dein Sohn schon lange verkündigt. Aber sie glauben an ihn und hören ihn nicht, das ist auch was Alt's, und bilden ihre Kinder nach sich und – Adieu, Wilhelm, ich mag darüber nicht weiter radotieren.

hier: Laune

gemeint ist: Christus

Seite 144

gemeint ist: Christus

viele Worte machen, schwätzen

Am 1. Juli

Was Lotte einem Kranken sein muß, fühl ich an meinem eignen armen Herzen, das übler dran ist als manches, das auf dem Siechbette verschmachtet. Sie wird einige Tage in der Stadt bei einer rechtschaffenen Frau zubringen, die sich nach der Aussage der Ärzte ihrem Ende naht, und in diesen letzten Augenblicken will sie Lotten um sich haben. Ich war vorige Woche mit ihr, den Pfarrer von St… zu besuchen, ein Örtchen, das eine Stunde seitwärts im Gebürge liegt. Wir kamen gegen viere dahin. Lotte hatte ihre zweite Schwester mitgenommen. Als wir in den von zwei hohen Nußbäumen überschatteten Pfarrhof traten, saß der gute alte Mann auf einer Bank vor der Haustüre, und da er Lotten sah,

Krankenbett

stirbt, verdurstet

vgl. „Natur“, Seite 138 f.

ward er wie neubelebt, vergaß seinen Knotenstock und wagte sich auf ihr entgegen. Sie lief hin zu ihm, nötigte ihn, sich niederzusetzen, indem sie sich zu ihm setzte, brachte viel Grüße von ihrem Vater, herzte seinen garstigen, schmutzigen jüngsten Buben, das Quakelchen seines Alters. Du hättest sie sehen sollen, wie sie den Alten beschäftigte, wie sie ihre Stimme erhub, um seinen halbtauben Ohren vernehmlich zu werden, wie sie ihm erzählte von jungen, robusten Leuten, die unvermutet gestorben wären, von der Vortrefflichkeit des Karlsbades, und wie sie seinen Entschluß lobte, künftigen Sommer hinzugehen, und wie sie fand, daß er viel besser aussähe, viel munterer sei als das letztemal, da sie ihn gesehn. Ich hatte indes der Frau Pfarrern meine Höflichkeiten gemacht, der Alte wurde ganz munter, und da ich nicht umhin konnte, die schönen Nußbäume zu loben, die uns so lieblich beschatteten, fing er an, uns, wiewohl mit einiger Beschwerlichkeit, die Geschichte davon zu geben. „Den alten", sagte er, „wissen wir nicht, wer den gepflanzt hat, einige sagen dieser, andere jener Pfarrer. Der jüngere aber dort hinten ist so alt als meine Frau, im Oktober funfzig Jahre. Ihr Vater pflanzte ihn des Morgens, als sie gegen Abend geboren wurde. Er war mein Vorfahr im Amte, und wie lieb ihm der Baum war, ist nicht zu sagen; mir ist er's gewiß nicht weniger, meine Frau saß drunter auf einem Balken und strickte, als ich vor siebenundzwanzig Jahren als ein armer Student zum erstenmal hier in Hof kam." Lotte fragte nach seiner Tochter, es hieß, sie sei mit Herrn Schmidt auf der Wiese hinaus zu den Arbeitern, und der Alte fuhr in seiner Erzählung fort, wie sein Vorfahr ihn liebgewonnen und die Tochter dazu und wie er erst sein Vikar und dann sein Nachfolger geworden. Die Geschichte war nicht lange

Knotenstock: knorriger Gehstock

garstigen: hier: ungezogenen

Quakelchen: Nesthäkchen, jüngstes Kind; auch: plauderhaftes Kind

Karlsbades: Kurort in Böhmen

meine Höflichkeiten gemacht: höflich begrüßt

Vorfahr im Amte: Amtsvorgänger

Vikar: stellvertretender Geistlicher; meist junge Theologen, die den hauptamtlichen Geistlichen vertreten oder unterstützen zu Ende, als die Jungfer Pfarrern mit dem sogenannten Herrn Schmidt durch den Garten herkam, sie bewillkommte Lotten mit herzlicher Wärme, und ich muß sagen, sie gefiel mir nicht übel, eine rasche, wohlgewachsne Brünette, die einen die kurze Zeit über auf dem Lande wohl unterhalten hätte. Ihr Liebhaber, denn als solchen stellte sich Herr Schmidt gleich dar, ein feiner, doch stiller Mensch, der sich nicht in unsere Gespräche mischen wollte, ob ihn gleich Lotte immer hereinzog; und was mich am meisten betrübte, war, daß ich an seinen Gesichtszügen zu bemerken schien, es sei mehr Eigensinn und übler Humor als Eingeschränktheit des Verstandes, der ihn sich mitzuteilen hinderte. In der Folge ward dies nur leider zu deutlich, denn als Friedrike beim Spazierengehn mit Lotten und verschiedentlich auch mit mir ging, wurde des Herrn Angesicht, das ohnedas einer bräunlichen Farbe war, so sichtlich verdunkelt, daß es Zeit war, daß Lotte mich beim Ärmel zupfte und mir das Artigtun mit Friederiken abriet. Nun verdrießt mich nichts mehr, als wenn die Menschen einander plagen, am meisten, wenn junge Leute in der Blüte des Lebens, da sie am offensten für alle Freuden sein könnten, einander die paar gute Tage mit Fratzen verderben und nur erst zu spät das Unersetzliche ihrer Verschwendung einsehen. Mir wurmte das, und ich konnte nicht umhin, da wir gegen Abend in den Pfarrhof zurückkehrten und an einem Tische gebrocktes Brot in Milch aßen und der Diskurs auf Freude und Leid in der Welt roulierte, den Faden zu ergreifen und recht herzlich gegen die üble Laune zu reden. „Wir Menschen beklagen uns oft“, fing ich an, „daß der guten Tage so wenig sind und der schlimmen so viel, und wie mich dünkt, meist mit Unrecht. Wenn wir immer ein offenes Herz hätten, das

vgl. 16.171

vgl. 38.876

ohnedies

hier: Hofieren von

ärgert

hässlichen, mürrischen Gesichtern, Possen

vgl. 37.860

(zurück-) kam, sich wendete

vgl. 19.269

Gute zu genießen, das uns Gott für jeden Tag bereitet, wir würden alsdenn auch Kraft genug haben, das Übel zu tragen, wenn es kommt.“ – „Wir haben aber unser Gemüt nicht in unserer Gewalt“, versetzte die Pfarrern, „wie viel hängt vom Körper ab! Wenn man nicht wohl ist, ist’s einem überall nicht recht.“ Ich gestund ihr das ein. „Wir wollen’s also“, fuhr ich fort, „als eine Krankheit ansehen und fragen, ob dafür kein Mittel ist!“ – „Das läßt sich hören“, sagte Lotte, „ich glaube wenigstens, daß viel von uns abhängt. ich weiß es an mir, wenn mich etwas neckt und mich verdrüßlich machen will, spring ich auf und sing ein paar Contretänze den Garten auf und ab, gleich ist’s weg.“ – „Das war’s, was ich sagen wollte“, versetzte ich, „es ist mit der üblen Laune völlig wie mit der Trägheit, denn es ist eine Art von Trägheit; unsere Natur hängt sehr dahin, und doch, wenn wir nur einmal die Kraft haben, uns zu ermannen, geht uns die Arbeit frisch von der Hand, und wir finden in der Tätigkeit ein wahres Vergnügen.“ Friederike war sehr aufmerksam, und der junge Mensch wandte mir ein, daß man nicht Herr über sich selbst sei und am wenigsten über seine Empfindungen gebieten könne. „Es ist hier die Frage von einer unangenehmen Empfindung“, versetzt ich, „die doch jedermann gern los ist, und niemand weiß, wie weit seine Kräfte gehen, bis er sie versucht hat. Gewiß, einer, der krank ist, wird bei allen Ärzten herumfragen und die größten Resignationen, die bittersten Arzneien wird er nicht abweisen, um seine gewünschte Gesundheit zu erhalten.“ Ich bemerkte, daß der ehrliche Alte sein Gehör anstrengte, um an unserm Diskurs teilzunehmen, ich erhub die Stimme, indem ich die Rede gegen ihn wandte. „Man predigt gegen so viele Laster“, sagt ich, „ich habe noch nie gehört, daß man gegen die

ärgert

vgl. 29.598

neigt sehr dazu

hier: Einschränkungen, Entbehrungen

vgl. 37.860

von der Kanzel – vgl. 38.876 – vgl. 37.860 – vgl. 19.269 – vgl. 18.228 – törichte, dumme – antreiben – im Sinne von: Macht

üble Laune vom Predigtstuhl gearbeitet hätte.“[4] „Das müßten die Stadtpfarrer tun“, sagt’ er, „die Bauern haben keinen bösen Humor“; doch könnt’s auch nichts schaden zuweilen, es wäre eine Lektion für seine Frau wenigstens und den Herrn Amtmann. Die Gesellschaft lachte, und er herzlich mit, bis er in einen Husten verfiel, der unsern Diskurs eine Zeitlang unterbrach, darauf denn der junge Mensch wieder das Wort nahm: „Sie nannten den bösen Humor ein Laster, mich deucht, das ist übertrieben.“ – „Mitnichten“, gab ich zur Antwort, „wenn das, womit man sich selbst und seinen Nächsten schadet, den Namen verdient. Ist es nicht genug, daß wir einander nicht glücklich machen können, müssen wir auch noch einander das Vergnügen rauben, das jedes Herz sich noch manchmal selbst gewähren kann. Und nennen Sie mir den Menschen, der übler Laune ist und so brav dabei, sie zu verbergen, sie allein zu tragen, ohne die Freuden um sich her zu zerstören; oder ist sie nicht vielmehr ein innerer Unmut über unsre eigne Unwürdigkeit, ein Mißfallen an uns selbst, das immer mit einem Neide verknüpft ist, der durch eine törige Eitelkeit aufgehetzt wird: wir sehen glückliche Menschen, die wir nicht glücklich machen, und das ist unerträglich!“ Lotte lächelte mich an, da sie die Bewegung sah, mit der ich redte, und eine Träne in Friederikens Auge spornte mich fortzufahren. „Weh denen“, sagt ich, „die sich der Gewalt bedienen, die sie über ein Herz haben, um ihm die einfachen Freuden zu rauben, die aus ihm selbst hervorkeimen. Alle Geschenke, alle Gefälligkeiten der Welt ersetzen nicht einen Augenblick Vergnügen an

Seite 144

[4] Wir haben nun von Lavatern eine treffliche Predigt hierüber, unter denen über das Buch Jonas.

sich selbst, den uns eine neidische Unbehaglichkeit unsers Tyrannen vergällt hat.“

verdorben

Mein ganzes Herz war voll in diesem Augenblicke, die Erinnerung so manches Vergangenen drängte sich an meine Seele, und die Tränen kamen mir in die Augen. „Wer sich das nur täglich sagte“, rief ich aus, „du vermagst nichts auf deine Freunde, als ihnen ihre Freude zu lassen und ihr Glück zu vermehren, indem du es mit ihnen genießest. Vermagst du, wenn ihre innre Seele von einer ängstigenden Leidenschaft gequält, vom Kummer zerrüttet ist, ihnen einen Tropfen Linderung zu geben? Und wenn die letzte, bangste Krankheit dann über das Geschöpf herfällt, das du in blühenden Tagen untergraben hast, und sie nun da liegt in dem erbärmlichen Ermatten und das Aug gefühllos gen Himmel sieht und der Todesschweiß auf ihrer Stirne abwechselt und du vor dem Bette stehst wie ein Verdammter, in dem innigsten Gefühl, daß du nichts vermagst mit all deinem Vermögen, und die Angst dich inwendig krampft, daß du alles hingeben möchtest, um dem untergehenden Geschöpf einen Tropfen Stärkung, einen Funken Mut einflößen zu können.“

schrecklichste, fürchterlichste

Erschöpfung

Die Erinnerung einer solchen Szene, da ich gegenwärtig war, fiel mit ganzer Gewalt bei diesen Worten über mich. Ich nahm das Schnupftuch vor die Augen und verließ die Gesellschaft, und nur Lottens Stimme, die mir rief, wir wollten fort, brachte mich zu mir selbst. Und wie sie mich auf dem Wege schalt über den zu warmen Anteil an allem! und daß ich drüber zugrunde gehen würde! Daß ich mich schonen sollte! O der Engel! Um deinetwillen muß ich leben!

anwesend

Taschentuch

ausschimpfte

großer Beteiligung, starkem Mitempfinden

Am 6. Juli

Sie ist immer um ihre sterbende Freundin und ist immer dieselbe, immer das gegenwärtige holde Geschöpf,

durch aufmerksame Gegenwart helfende

liebe, schöne

das, wo sie hinsieht, Schmerzen lindert und Glückliche macht. Sie ging gestern abend mit Mariannen und dem kleinen Malchen spazieren, ich wußte es und traf sie an, und wir gingen zusammen. Nach einem Wege von anderthalb Stunden kamen wir gegen die Stadt zurück, an den Brunnen, der mir so wert ist und nun tausendmal werter ward, als Lotte sich aufs Mäuerchen setzte. Ich sah umher, ach! und die Zeit, da mein Herz so allein war, lebte wieder vor mir auf. „Lieber Brunn", sagt ich, „seither hab ich nicht mehr an deiner Kühle geruht, habe in eilendem Vorübergehn dich manchmal nicht angesehn." Ich blickte hinab und sah, daß Malchen mit einem Glase Wasser sehr beschäftigt heraufstieg. Ich sahe Lotten an und fühlte alles, was ich an ihr habe. Indem so kommt Malchen mit einem Glase, Marianne wollt es ihr abnehmen. „Nein!" rufte das Kind mit dem süß'ten Ausdrucke, „nein, Lottchen, du sollst zuerst trinken!" Ich ward über die Wahrheit, die Güte, womit sie das ausrief, so entzückt, daß ich meine Empfindung mit nichts ausdrucken konnte, als ich nahm das Kind von der Erde und küßte es lebhaft, das sogleich zu schreien und zu weinen anfing. „Sie haben übel getan", sagte Lotte! Ich war betroffen. „Komm, Malchen", fuhr sie fort, indem sie es an der Hand nahm und die Stufen hinabführte, „da wasche dich aus der frischen Quelle, geschwind, geschwind, da tut's nichts." Wie ich so da stund und zusah, mit welcher Emsigkeit das Kleine mit seinen nassen Händchen die Backen rieb, mit welchem Glauben, daß durch die Wunderquelle alle Verunreinigung abgespült und die Schmach abgetan würde, einen häßlichen Bart zu kriegen. Wie Lotte sagte: „Es ist genug" und das Kind doch immer eifrig fortwusch, als wenn Viel mehr täte als Wenig. Ich sage dir, Wilhelm, ich habe mit mehr Res-

schlecht

schnell

vgl. 12.34

Unehre, Schande, Demütigung

Seite 145

pekt nie einer Taufhandlung beigewohnt, und als Lotte heraufkam, hätte ich mich gern vor ihr niedergeworfen wie vor einem Propheten, der die Schulden einer Nation weggeweiht hat.

die Schuld, die Vergehen

Des Abends konnt ich nicht umhin, in der Freude meines Herzens den Vorfall einem Manne zu erzählen, dem ich Menschensinn zutraute, weil er Verstand hat. Aber wie kam ich an. Er sagte, das wäre sehr übel von Lotten gewesen, man solle die Kinder nichts weismachen, dergleichen gäbe zu unzähligen Irrtümern und Aberglauben Anlaß, man müßte die Kinder frühzeitig davor bewahren. Nun fiel mir ein, daß der Mann vor acht Tagen hatte taufen lassen, drum ließ ich's vorbeigehn und blieb in meinem Herzen der Wahrheit getreu: wir sollen es mit den Kindern machen wie Gott mit uns, der uns am glücklichsten macht, wenn er uns im freundlichen Wahne so hintaumeln läßt.

Menschenkenntnis

Am 8. Juli

Was man ein Kind ist! Was man nach so einem Blicke geizt! Was man ein Kind ist! Wir waren nach Wahlheim gegangen, die Frauenzimmer fuhren hinaus, und während unsrer Spaziergänge glaubte ich in Lottens schwarzen Augen – Ich bin ein Tor, verzeih mir's, du solltest sie sehn, diese Augen. Daß ich kurz bin, denn die Augen fallen mir zu vom Schlaf. Siehe, die Frauenzimmer stiegen ein, da stunden um die Kutsche der junge W…, Selstadt und Audran und ich. Da ward aus dem Schlage geplaudert mit den Kerlchens, die freilich leicht und lüftig genug waren. Ich suchte Lottens Augen! Ach, sie gingen von einem zum andern! Aber auf mich! Mich! Mich! der ganz allein auf sie resigniert dastund, fielen sie nicht! Mein Herz sagte ihr tausend Adieu! Und sie sah mich nicht! Die Kutsche fuhr vorbei, und eine Träne

sich sehnt, verlangt

vgl. 17.201

dass ich mich kurz fasse

vgl. 30.613

leichtfertig, flatterhaft

hier: ihr ganz ergeben

stund mir im Auge. Ich sah ihr nach! Und sah Lottens Kopfputz sich zum Schlag herauslehnen, und sie wandte sich um, zu sehn. Ach! Nach mir? – Lieber! In dieser Ungewißheit schweb ich! Das ist mein Trost. Vielleicht hat sie sich nach mir umgesehen. Vielleicht – Gute Nacht! O was ich ein Kind bin!

Am 10. Juli

Die alberne Figur, die ich mache, wenn in Gesellschaft von ihr gesprochen wird, solltest du sehen. Wenn man mich nun gar fragt, wie sie mir gefällt – Gefällt! das Wort haß ich in Tod. Was muß das für ein Kerl sein, dem Lotte gefällt, dem sie nicht alle Sinnen, alle Empfindungen ausfüllt. Gefällt! Neulich fragte mich einer, wie mir Ossian gefiele.

Am 11. Juli

Frau M… ist sehr schlecht, ich bete für ihr Leben, weil ich mit Lotten dulde. Ich seh sie selten bei einer Freundin, und heut hat sie mir einen wunderbaren Vorfall erzählt. Der alte M… ist ein geiziger, rangiger Hund, der seine Frau im Leben was rechts geplagt und eingeschränkt hat. Doch hat sich die Frau immer durchzuhelfen gewußt. Vor wenig Tagen, als der Doktor ihr das Leben abgesprochen hatte, ließ sie ihren Mann kommen, Lotte war im Zimmer, und redte ihn also an: „Ich muß dir eine Sache gestehn, die nach meinem Tode Verwirrung und Verdruß machen könnte. Ich habe bisher die Haushaltung geführt, so ordentlich und sparsam als möglich, allein du wirst mir verzeihen, daß ich dich diese dreißig Jahre her hintergangen habe. Du bestimmtest im Anfange unserer Heirat ein Geringes für die Bestreitung der Küche und anderer häuslichen Ausgaben. Als unsere Haushaltung stärker wurde, unser Gewerb größer, warst du nicht zu bewegen, mein Wochengeld

Kopfschmuck

Seite 145

geht es sehr schlecht

empfinde, leide

habgieriger

sie für unheilbar erklärt hatte

folgendermaßen

nach dem Verhältnisse zu vermehren, kurz, du weißt, daß du in den Zeiten, da sie am größten war, verlangtest, ich solle mit sieben Gulden die Woche auskommen. Die hab ich denn ohne Widerrede genommen und mir den Überschuß wöchentlich aus der Losung geholt, da niemand vermutete, daß die Frau die Kasse bestehlen würde. Ich habe nichts verschwendet und wäre auch, ohne es zu bekennen, getrost der Ewigkeit entgegengegangen, wenn nicht diejenige, die nach mir das Wesen zu führen hat, sich nicht zu helfen wissen würde und du doch immer drauf bestehen könntest, deine erste Frau sei damit ausgekommen."

vgl. 23.404
Bargeld vom Verkauf in der Kasse
Hauswesen; Haushalt

Ich redete mit Lotten über die unglaubliche Verblendung des Menschensinns, daß einer nicht argwohnen soll, dahinter müsse was anders stecken, wenn eins mit sieben Gulden hinreicht, wo man den Aufwand vielleicht um zweimal soviel sieht. Aber ich hab selbst Leute gekannt, die des Propheten ewiges Ölkrüglein ohne Verwunderung in ihrem Hause statuiert hätten.

vgl. 23.404
Seite 145
ausgestellt

Am 13. Juli

Nein, ich betrüge mich nicht! Ich lese in ihren schwarzen Augen wahre Teilnehmung an mir und meinem Schicksale. Ja ich fühle, und darin darf ich meinem Herzen trauen, daß sie – O darf ich, kann ich den Himmel in diesen Worten aussprechen? – daß sie mich liebt.

Anteilnahme

Mich liebt! Und wie wert ich mir selbst werde! Wie ich – dir darf ich's wohl sagen, du hast Sinn für so etwas – wie ich mich selbst anbete, seitdem sie mich liebt.

Und ob das Vermessenheit ist oder Gefühl des wahren Verhältnisses: Ich kenne den Menschen nicht, von dem ich etwas in Lottens Herzen fürchtete. Und doch – wenn sie von ihrem Bräutigam spricht mit all der Wärme, all der Liebe, da ist mir's wie einem, der all seiner Ehren

des Ranges enthoben

Seite 145

und Würden entsetzt und dem der Degen abgenommen wird.

Am 16. Juli

im Sinne von: im Eifer

vgl. 31.654

verdorben

Verdorbenheit

Ach, wie mir das durch alle Adern läuft, wenn mein Finger unversehns den ihrigen berührt, wenn unsere Füße sich unter dem Tische begegnen. Ich ziehe zurück wie vom Feuer, und eine geheime Kraft zieht mich wieder vorwärts, mir wird's so schwindlig vor allen Sinnen. O und ihre Unschuld, ihre unbefangene Seele fühlt nicht, wie sehr mich die kleinen Vertraulichkeiten peinigen. Wenn sie gar im Gespräch ihre Hand auf die meinige legt und im Interesse der Unterredung näher zu mir rückt, daß der himmlische Atem ihres Mundes meine Lippen reichen kann. – Ich glaube zu versinken, wie vom Wetter gerührt. Und, Wilhelm, wenn ich mich jemals unterstehe, diesen Himmel, dieses Vertrauen – Du verstehst mich. Nein, mein Herz ist so verderbt nicht! Schwach! schwach genug! Und ist das nicht Verderben?

vgl. 24.422

Lieblingslied

es befreit mich von

grüblerischen, absonderlichen Einfälle

Sie ist mir heilig. Alle Begier schweigt in ihrer Gegenwart. Ich weiß nimmer, wie mir ist, wenn ich bei ihr bin, es ist, als wenn die Seele sich mir in allen Nerven umkehrte. Sie hat eine Melodie, die sie auf dem Klavier spielt mit der Kraft eines Engels, so simpel und so geistvoll, es ist ihr Leiblied, und mich stellt es von aller Pein, Verwirrung und Grillen her, wenn sie nur die erste Note davon greift.

Kein Wort von der Zauberkraft der alten Musik ist mir unwahrscheinlich, wie mich der einfache Gesang angreift. Und wie sie ihn anzubringen weiß, oft zur Zeit, wo ich mir eine Kugel vor'n Kopf schießen möchte. Und all die Irrung und Finsternis meiner Seele zerstreut sich, und ich atme wieder freier.

Am 18. Juli

Wilhelm, was ist unserm Herzen die Welt ohne Liebe! Was eine Zauberlaterne ist ohne Licht! Kaum bringst du das Lämpchen hinein, so scheinen dir die buntesten Bilder an deine weiße Wand! Und wenn's nichts wäre als das, als vorübergehende Phantomen, so macht's doch immer unser Glück, wenn wir wie frische Bubens davorstehen und uns über die Wundererscheinungen entzücken. Heut konnt ich nicht zu Lotten, eine unvermeidliche Gesellschaft hielt mich ab. Was war zu tun. Ich schickte meinen Buben hinaus, nur um einen Menschen um mich zu haben, der ihr heute nahe gekommen wäre. Mit welcher Ungeduld ich den Buben erwartete, mit welcher Freude ich ihn wiedersah. Ich hätt ihn gern beim Kopf genommen und geküßt, wenn ich mich nicht geschämt hätte.

Zauberlaterne – Laterna magica: ein Projektionsapparat
Phantomen – Erscheinungen, Trugbilder
frische – kleine, unerfahrene
Buben – hier: junger Bediensteter

Man erzählt von dem Bononischen Stein, daß er, wenn man ihn in die Sonne legt, ihre Strahlen anzieht und eine Weile bei Nacht leuchtet. So war mir's mit dem Jungen. Das Gefühl, daß ihre Augen auf seinem Gesicht, seinen Backen, seinen Rockknöpfen und dem Kragen am Surtout geruht hatten, machte mir das all so heilig, so wert, ich hätte in dem Augenblicke den Jungen nicht vor tausend Taler gegeben. Es war mir so wohl in seiner Gegenwart – Bewahre dich Gott, daß du darüber nicht lachst. Wilhelm, sind das Phantomen, wenn es uns wohl wird?

Bononischen Stein – Seite 145
Surtout – Überrock, Jacke
vor – für
Taler – vgl. 23.404
Phantomen – vgl. 49.1238

Den 19. Juli

„Ich werde sie sehen", ruf ich morgens aus, wenn ich mich ermuntre und mit aller Heiterkeit der schönen Sonne entgegenblicke. „Ich werde sie sehen!" Und da hab ich für den ganzen Tag keinen Wunsch weiter. Alles, alles verschlingt sich in dieser Aussicht.

mich ermuntre – aufwache

Den 20. Juli

Eure Idee will noch nicht die meinige werden, daß ich mit dem Gesandten nach *** gehen soll. Ich liebe die Subordination nicht sehr, und wir wissen alle, daß der Mann noch dazu ein widriger Mensch ist. Meine Mutter möchte mich gern in Aktivität haben, sagst du, das hat mich zu lachen gemacht, bin ich jetzt nicht auch aktiv? und ist's im Grund nicht einerlei: ob ich Erbsen zähle oder Linsen? Alles in der Welt läuft doch auf eine Lumperei hinaus, und ein Kerl, der um anderer willen, ohne daß es seine eigene Leidenschaft ist, sich um Geld oder Ehre oder sonstwas abarbeitet, ist immer ein Tor.

Unterordnung

hier: in einer festen Anstellung, in dienstlicher Tätigkeit

Seite 143

Am 24. Juli

Da dir so viel daran gelegen ist, daß ich mein Zeichnen nicht vernachlässige, möcht ich lieber die ganze Sache übergehn als dir sagen: daß zeither wenig getan wird.

seither, bisher

Noch nie war ich glücklicher, noch nie meine Empfindung an der Natur, bis aufs Steinchen, aufs Gräschen herunter, voller und inniger, und doch – ich weiß nicht, wie ich mich ausdrücken soll, meine vorstellende Kraft ist so schwach, alles schwimmt, schwankt vor meiner Seele, daß ich keinen Umriß packen kann; aber ich bilde mir ein, wenn ich Ton hätte oder Wachs, so wollt ich's wohl herausbilden, ich werde auch Ton nehmen, wenn's länger währt, und kneten, und sollten's Kuchen werden.

Lottens Porträt habe ich dreimal angefangen und habe mich dreimal prostituiert, das mich um so mehr verdrießt, weil ich vor einiger Zeit sehr glücklich im Treffen war, darauf hab ich denn ihren Schattenriß gemacht, und damit soll mir genügen.

blamiert

vgl. 40.957

im Treffen der Ähnlichkeit

Seite 145

Am 26. Juli

Ich habe mir schon so manchmal vorgenommen, sie nicht so oft zu sehn. Ja, wer das halten könnte! Alle Tage unterlieg ich der Versuchung und verspreche mir heilig: morgen willst du einmal wegbleiben, und wenn der Morgen kommt, find ich doch wieder eine unwiderstehliche Ursache, und eh ich mich's versehe, bin ich bei ihr. Entweder sie hat des Abends gesagt: „Sie kommen doch morgen?" Wer könnte da wegbleiben? Oder der Tag ist gar zu schön, ich gehe nach Wahlheim, und wenn ich so da bin – ist's nur noch eine halbe Stunde zu ihr! Ich bin zu nah in der Atmosphäre, zuck! so bin ich dort. Meine Großmutter hatte ein Märchen vom Magnetenberg. Die Schiffe, die zu nahe kamen, wurden auf einmal alles Eisenwerks beraubt, die Nägel flogen dem Berge zu, und die armen Elenden scheiterten zwischen den übereinanderstürzenden Brettern.

Seite 145

Am 30. Juli

Albert ist angekommen, und ich werde gehen, und wenn er der beste, der edelste Mensch wäre, unter den ich mich in allem Betracht zu stellen bereit wäre, so wär's unerträglich, ihn vor meinem Angesichte im Besitze so vieler Vollkommenheiten zu sehen. Besitz! – Genug, Wilhelm, der Bräutigam ist da. Ein braver, lieber Kerl, dem man gut sein muß. Glücklicherweise war ich nicht beim Empfange! Das hätte mir das Herz zerrissen. Auch ist er so ehrlich und hat Lotten in meiner Gegenwart noch nicht einmal geküßt. Das lohn ihm Gott! Um des Respekts willen, den er vor dem Mädchen hat, muß ich ihn lieben. Er will mir wohl, und ich vermute, das ist Lottens Werk mehr als seiner eigenen Empfindung, denn darin sind die Weiber fein und haben recht. Wenn sie zwei Kerls in gutem Vernehmen miteinander halten können, ist der Vorteil immer ihre, so selten es auch angeht.

in jeder Hinsicht

vgl. 18.228

Seite 138 (12.41)

Indes kann ich Alberten meine Achtung nicht versagen, seine gelaßne Außenseite sticht gegen die Unruhe meines Charakters sehr lebhaft ab, die sich nicht verbergen läßt, er hat viel Gefühl und weiß, was er an Lotten hat. Er scheint wenig üble Laune zu haben, und du weißt, das ist die Sünde, die ich ärger hasse am Menschen als alle andre.

Gemüt, Herz, Seele, Verstand

Er hält mich für einen Menschen von Sinn, und meine Anhänglichkeit an Lotten, meine warme Freude, die ich an all ihren Handlungen habe, vermehrt seinen Triumph, und er liebt sie nur desto mehr. Ob er sie nicht manchmal heimlich mit kleiner Eifersüchtelei peinigt, das laß ich dahingestellt sein, wenigstens an seinem Platze würde ich nicht ganz sicher vor dem Teufel bleiben.

Dummheit

Ansprüche

Schimpfwort: ungezogenes Kind, kindische Person

Dem sei nun wie ihm wolle, meine Freude, bei Lotten zu sein, ist hin! Soll ich das Torheit nennen oder Verblendung? – Was braucht's Namen! Erzählt die Sache an sich! – Ich wußte alles, was ich jetzt weiß, eh Albert kam, ich wußte, daß ich keine Prätensionen auf sie zu machen hatte, machte auch keine – Heißt das, insofern es möglich ist, bei so viel Liebenswürdigkeiten nicht zu begehren – Und jetzt macht der Fratze große Augen, da der andere nun wirklich kommt und ihm das Mädchen wegnimmt.

mich in mein Schicksal fügen

Dummheiten, Schabernack

Ich beiße die Zähne aufeinander und spotte über mein Elend und spottete derer doppelt und dreifach, die sagen könnten, ich sollte mich resignieren und weil's nun einmal nicht anders sein könnte. – Schafft mir die Kerls vom Hals! – Ich laufe in den Wäldern herum, und wenn ich zu Lotten komme und Albert so bei ihr sitzt im Gärtchen unter der Laube und ich nicht weiter kann, so bin ich ausgelassen närrisch und fange viel Possen, viel verwirrtes Zeug an. „Um Gottes willen“, sagte mir Lotte heute, „ich bitte Sie! keine Szene wie die von gestern abend! Sie sind fürchterlich, wenn Sie so lustig sind.“ Unter uns, ich passe die Zeit ab, wenn er zu tun hat, wutsch! bin ich drauß, und da ist mir's immer wohl, wenn ich sie allein finde.

draußen, vor der Stadt

Am 8. Aug.

Ich bitte dich, lieber Wilhelm! Es war gewiß nicht auf dich geredt, wenn ich schrieb: schafft mir die Kerls vom Hals, die sagen, ich sollte mich resignieren. Ich dachte wahrlich nicht dran, daß du von ähnlicher Meinung sein könntest. Und im Grunde hast du recht! Nur eins, mein Bester, in der Welt ist's sehr selten mit dem Entweder-Oder getan, es gibt so viel Schattierungen der Empfindungen und Handlungsweisen als Abfälle zwischen einer Habichts- und Stumpfnase.

auf dich bezogen

vgl. 52.1356

Abstufungen

Du wirst mir also nicht übelnehmen, wenn ich dir dein ganzes Argument einräume und mich doch zwischen dem Entweder-Oder durchzustehlen suche.

die Richtigkeit deines Arguments zugestehe

Entweder, sagst du, hast du Hoffnung auf Lotten, oder du hast keine. Gut! Im ersten Falle such sie durchzutreiben, suche die Erfüllung deiner Wünsche zu umfassen, im andern Falle ermanne dich und suche einer elenden Empfindung loszuwerden, die all deine Kräfte verzehren muß. Bester, das ist wohl gesagt und – bald gesagt.

raffe dich auf

im Sinne von: schnell, leicht

Und kannst du von dem Unglücklichen, dessen Leben unter einer schleichenden Krankheit unaufhaltsam allmählich abstirbt, kannst du von ihm verlangen, er solle durch einen Dolchstoß der Qual auf einmal ein Ende machen? Und raubt das Übel, das ihm die Kräfte wegzehrt, ihm nicht auch zugleich den Mut, sich davon zu befreien?

Zwar könntest du mir mit einem verwandten Gleichnisse antworten: Wer ließe sich nicht lieber den Arm abnehmen, als daß er durch Zaudern und Zagen sein Leben aufs Spiel setze – Ich weiß nicht – und wir wol-

vgl. Mt. 18,8

len uns nicht in Gleichnissen herumbeißen. Genug – Ja, Wilhelm, ich habe manchmal so einen Augenblick aufspringenden, abschüttelnden Muts, und da, wenn ich nur wüßte wohin, ich ginge wohl.

Am 10. Aug.

Ich könnte das beste, glücklichste Leben führen, wenn ich nicht ein Tor wäre. So schöne Umstände vereinigen sich nicht leicht zusammen, eines Menschen Herz zu ergötzen, als die sind, in denen ich mich jetzt befinde. Ach so gewiß ist's, daß unser Herz allein sein Glück macht! Ein Glied der liebenswürdigen Familie auszumachen, von dem Alten geliebt zu werden wie ein Sohn, von den Kleinen wie ein Vater und von Lotten – und nun der ehrliche Albert, der durch keine launische Unart mein Glück stört, der mich mit herzlicher Freundschaft umfaßt, dem ich nach Lotten das Liebste auf der Welt bin – Wilhelm, es ist eine Freude, uns zu hören, wenn wir spazierengehn und uns einander von Lotten unterhalten, es ist in der Welt nichts Lächerlichers erfunden worden als dieses Verhältnis, und doch kommen mir drüber die Tränen oft in die Augen.

Seite 143

vgl. 21.325

Wenn er mir so von ihrer rechtschaffenen Mutter erzählt, wie die auf ihrem Todbette Lotten ihr Haus und ihre Kinder übergeben und ihm Lotten anbefohlen habe, wie seit der Zeit ein ganz anderer Geist Lotten belebt, wie sie in Sorge für ihre Wirtschaft und im Ernste eine wahre Mutter geworden, wie kein Augenblick ihrer Zeit ohne tätige Liebe, ohne Arbeit verstrichen und wie dennoch all ihre Munterkeit, all ihr Leichtsinn sie nicht verlassen habe. Ich gehe so neben ihm hin und pflücke Blumen am Wege, füge sie sehr sorgfältig in einen Strauß und – werfe sie in den vorüberfließenden Strom und sehe ihnen nach, wie sie leise hinunterwallen. Ich weiß

redlich, ehrlich, gut

anvertraut, übergeben

Hauswirtschaft

nicht, ob ich dir geschrieben habe, daß Albert hier bleiben und ein Amt mit einem artigen Auskommen vom Hofe erhalten wird, wo er sehr beliebt ist. In Ordnung und Emsigkeit in Geschäften hab ich wenig seinesgleichen gesehen.

Am 12. Aug.

Gewiß, Albert ist der beste Mensch unter dem Himmel, ich habe gestern eine wunderbare Szene mit ihm gehabt. Ich kam zu ihm, um Abschied zu nehmen, denn mich wandelte die Lust an, ins Gebürg zu reiten, von daher ich dir auch jetzt schreibe, und wie ich in der Stube auf und ab gehe, fallen mir seine Pistolen in die Augen. „Borg mir die Pistolen“, sagt ich, „zu meiner Reise.“ – „Meinetwegen“, sagt’ er, „wenn du dir die Mühe geben willst, sie zu laden, bei mir hängen sie nur pro forma.“ Ich nahm eine herunter, und er fuhr fort: „Seit mir meine Vorsicht einen so unartigen Streich gespielt hat, mag ich mit dem Zeuge nichts mehr zu tun haben.“ Ich war neugierig, die Geschichte zu wissen. „Ich hielte mich“, erzählte er, „wohl ein Vierteljahr auf dem Lande bei einem Freunde auf, hatte ein Paar Terzerolen, ohngeladen, und schlief ruhig. Einmal an einem regnichten Nachmittage, da ich so müßig sitze, weiß ich nicht, wie mir einfällt: wir könnten überfallen werden, wir könnten die Terzerols nötig haben und könnten – du weißt ja, wie das ist. Ich gab sie dem Bedienten, sie zu putzen und zu laden, und der dahlt mit den Mädchen, will sie erschröcken, und Gott weiß wie, das Gewehr geht los, da der Ladstock noch drin steckt, und schießt den Ladstock einem Mädchen zur Maus hinein, an der rechten Hand, und zerschlägt ihr den Daumen. Da hatt ich das Lamentieren und den Barbierer zu bezahlen obendrein, und seit der Zeit laß ich all das Gewehr ungeladen. Lieber Schatz, was ist Vor-

hier: angemessen

Gehalt

vgl. 12.34

der Form wegen

hier: unschönen

kleine Taschenpistole

ungeladen

scherzt

Seite 145

Daumenmuskel in der Handfläche

Wehklagen, Jammern

Seite 145

alle Schießwaffen

sicht! die Gefahr läßt sich nicht auslernen! – Zwar –“ Nun weißt du, daß ich den Menschen sehr liebhabe bis auf seine Zwar. Denn versteht sich’s nicht von selbst, daß jeder allgemeine Satz Ausnahmen leidet. Aber so rechtfertig ist der Mensch, wenn er glaubt, etwas Übereiltes, Allgemeines, Halbwahres gesagt zu haben, so hört er dir nicht auf, zu limitieren, modifizieren und ab- und zuzutun, bis zuletzt gar nichts mehr an der Sache ist. Und bei diesem Anlasse kam er sehr tief in Text, und ich hörte endlich gar nicht weiter auf ihn, verfiel in Grillen, und mit einer auffahrenden Gebärde druckt ich mir die Mündung der Pistolen übers rechte Aug an die Stirn. „Pfui“, sagte Albert, indem er mir die Pistole herabzog, „was soll das!“ – „Sie ist nicht geladen“, sagt ich. „Und auch so! Was soll’s?“ versetzt’ er ungeduldig. „Ich kann mir nicht vorstellen, wie ein Mensch so töricht sein kann, sich zu erschießen; der bloße Gedanke erregt mir Widerwillen.“

„Daß ihr Menschen“, rief ich aus, „um von einer Sache zu reden, gleich sprechen müßt: Das ist törig, das ist klug, das ist gut, das ist bös! Und was will das all heißen? Habt ihr deswegen die innern Verhältnisse einer Handlung erforscht? Wißt ihr mit Bestimmtheit die Ursachen zu entwickeln, warum sie geschah, warum sie geschehen mußte? Hättet ihr das, ihr würdet nicht so eilfertig mit euren Urteilen sein.“

„Du wirst mir zugeben“, sagte Albert, „daß gewisse Handlungen lasterhaft bleiben, sie mögen aus einem Beweggrunde geschehen, aus welchem sie wollen.“

Ich zuckte die Achseln und gab’s ihm zu. „Doch, mein Lieber“, fuhr ich fort, „finden sich auch hier einige Ausnahmen. Es ist wahr, der Diebstahl ist ein Laster; aber der Mensch, der, um sich und die Seinigen vom schmäh-

zulässt

aber so sehr meint sich der Mensch rechtfertigen zu müssen

einzuschränken

abzuwandeln

verlor er sich in dieses Thema

vgl. 48.1225

vgl. Kommentar zu Materialien 2, 3 und 4, Seite 158

unklug, unvernünftig

vgl. 42.1025

schändlich

lichen Hungertode zu erretten, auf Raub ausgeht, verdient der Mitleiden oder Strafe? Wer hebt den ersten Stein auf gegen den Ehemann, der im gerechten Zorne sein untreues Weib und ihren nichtswürdigen Verführer aufopfert? Gegen das Mädchen, das in einer wonnevollen Stunde sich in den unaufhaltsamen Freuden der Liebe verliert? Unsere Gesetze selbst, diese kaltblütigen Pedanten, lassen sich rühren und halten ihre Strafe zurück.“

„Das ist ganz was anders“, versetzte Albert, „weil ein Mensch, den seine Leidenschaften hinreißen, alle Besinnungskraft verliert und als ein Trunkener, als ein Wahnsinniger angesehen wird.“ – „Ach ihr vernünftigen Leute!“ rief ich lächelnd aus. „Leidenschaft! Trunkenheit! Wahnsinn! Ihr steht so gelassen, so ohne Teilnehmung da, ihr sittlichen Menschen, scheltet den Trinker, verabscheuet den Unsinnigen, geht vorbei wie der Priester und dankt Gott wie der Pharisäer, daß er euch nicht gemacht hat wie einen von diesen. Ich bin mehr als einmal trunken gewesen, und meine Leidenschaften waren nie weit vom Wahnsinne, und beides reut mich nicht, denn ich habe in meinem Maße begreifen lernen: Wie man alle außerordentliche Menschen, die etwas Großes, etwas Unmöglichscheinendes würkten, von jeher für Trunkene und Wahnsinnige ausschreien mußte.

Aber auch im gemeinen Leben ist's unerträglich, einem Kerl bei halbweg einer freien, edlen, unerwarteten Tat nachrufen zu hören: ‚Der Mensch ist trunken, der ist närrisch.‘ Schämt euch, ihr Nüchternen! Schämt euch, ihr Weisen!“ – „Das sind nun wieder von deinen Grillen“, sagte Albert. „Du überspannst alles und hast wenigstens hier gewiß unrecht, daß du den Selbstmord, wovon wir jetzo reden, mit großen Handlungen vergleichst, da man

Wer hebt den ersten Stein: Seite 145
Weib: Seite 138
wonnevollen: glücklichen, seligen
Pedanten: Seite 145
wie der Priester: Seite 146
Pharisäer: Seite 146
würkten: schufen, bewirkten
gemeinen: hier: gewöhnlichen
Grillen: vgl. 48.1225

es doch für nichts anders als eine Schwäche halten kann; denn freilich ist es leichter, zu sterben als ein qualvolles Leben standhaft zu ertragen.“

Ich war im Begriffe abzubrechen, denn kein Argument in der Welt bringt mich so aus der Fassung, als wenn einer mit einem unbedeutenden Gemeinspruche angezogen kommt, da ich aus ganzem Herzen rede. Doch faßt ich mich, weil ich's schon öfter gehört und mich öfter darüber geärgert hatte, und versetzte ihm mit einiger Lebhaftigkeit: „Du nennst das Schwäche! Ich bitte dich, laß dich vom Anscheine nicht verführen. Ein Volk, das unter dem unerträglichen Joche eines Tyrannen seufzt, darfst du das schwach heißen, wenn es endlich aufgärt und seine Ketten zerreißt. Ein Mensch, der über dem Schrecken, daß Feuer sein Haus ergriffen hat, alle Kräfte zusammengespannt fühlt und mit Leichtigkeit Lasten wegträgt, die er bei ruhigem Sinne kaum bewegen kann; einer, der in der Wut der Beleidigung es mit sechsen aufnimmt und sie überwältigt, sind die schwach zu nennen? Und, mein Guter, wenn Anstrengung Stärke ist, warum soll die Überspannung das Gegenteil sein?“

Redensart, Binsenweisheit

vgl. „Gesellschaft“, Seite 146 f.

Last; abgeleitet vom Zuggeschirr, mit dem Ochsen vor den Pflug gespannt werden

aufbegehrt

Albert sah mich an und sagte: „Nimm mir's nicht übel, die Beispiele, die du da gibst, scheinen hierher gar nicht zu gehören.“ – „Es mag sein“, sagt ich, „man hat mir schon öfter vorgeworfen, daß meine Kombinationsart manchmal ans Radotage grenze! Laßt uns denn sehen, ob wir auf eine andere Weise uns vorstellen können, wie es dem Menschen zumute sein mag, der sich entschließt, die sonst so angenehme Bürde des Lebens abzuwerfen; denn nur insofern wir mitempfinden, haben wir Ehre, von einer Sache zu reden.

Geschwätz, Faselei

ist uns gestattet

„Die menschliche Natur“, fuhr ich fort, „hat ihre Grenzen, sie kann Freude, Leid, Schmerzen bis auf einen gewissen Grad ertragen und geht zugrunde, sobald der überstiegen ist.

Hier ist also nicht die Frage, ob einer schwach oder stark ist, sondern ob er das Maß seines Leidens ausdauren kann, es mag nun moralisch oder physikalisch sein, und ich finde es ebenso wunderbar zu sagen, der Mensch ist feig, der sich das Leben nimmt, als es ungehörig wäre, den einen Feigen zu nennen, der an einem bösartigen Fieber stirbt."

ausdauren: ertragen, aushalten
wunderbar: hier: sonderbar
ungehörig: hier: verfehlt

„Paradox! sehr paradox!" rief Albert aus. „Nicht so sehr, als du denkst", versetzt ich. „Du gibst mir zu, wir nennen das eine Krankheit zum Tode, wodurch die Natur so angegriffen wird, daß teils ihre Kräfte verzehrt, teils so außer Würkung gesetzt werden, daß sie sich nicht wieder aufzuhelfen, durch keine glückliche Revolution den gewöhnlichen Umlauf des Lebens wiederherzustellen fähig ist.

Paradox: widersinnig, widersprüchlich
Krankheit zum Tode: Seite 147
Revolution: hier: Umbruch

Nun, mein Lieber, laß uns das auf den Geist anwenden. Sieh den Menschen an in seiner Eingeschränktheit, wie Eindrücke auf ihn würken, Ideen sich bei ihm festsetzen, bis endlich eine wachsende Leidenschaft ihn aller ruhigen Sinneskraft beraubt und ihn zugrunde richtet.

Vergebens, daß der gelaßne, vernünftige Mensch den Zustand des Unglücklichen übersieht, vergebens, daß er ihm zuredet, eben als wie ein Gesunder, der am Bette des Kranken steht, ihm von seinen Kräften nicht das geringste einflößen kann."

Alberten war das zu allgemein gesprochen; ich erinnerte ihn an ein Mädchen, das man vor weniger Zeit im Wasser tot gefunden, und wiederholt ihm ihre Geschichte. „Ein gutes junges Geschöpf, das in dem engen Kreise häuslicher Beschäftigungen, wöchentlicher bestimmter Arbeit so herangewachsen war, das weiter keine Aussicht von Vergnügen kannte, als etwa sonntags in einem nach und nach zusammengeschafften Putze mit ihresgleichen um die Stadt spazierenzugehen, vielleicht alle hohe Feste einmal zu tanzen und übrigens mit aller Lebhaftigkeit des herzlichsten Anteils manche Stunde über den Anlaß eines Gezänkes, einer übeln Nachrede mit einer Nachbarin zu verplaudern; deren feurige Natur fühlt nun endlich innigere Bedürfnisse, die durch die Schmeicheleien der Männer vermehrt werden, all ihre vorige Freuden werden ihr nach und nach unschmackhaft, bis sie endlich einen Menschen antrifft, zu dem ein unbekanntes Gefühl sie unwiderstehlich hinreißt, auf den sie nun all ihre Hoffnungen wirft, die Welt rings um sich vergißt, nichts hört, nichts sieht, nichts fühlt als ihn, den Einzigen, sich nur sehnt nach ihm, dem Einzigen. Durch die leere Vergnügen einer unbeständigen Eitelkeit nicht verdorben, zieht ihr Verlangen grad nach dem Zwecke: Sie will die Seinige werden, sie will in ewiger Verbindung all das Glück antreffen, das ihr mangelt, die Vereinigung aller Freuden genießen, nach denen sie sich sehnte. Wiederholtes Versprechen, das ihr die Gewißheit aller Hoffnungen versiegelt, kühne Liebkosungen, die ihre Begierden vermehren, umfangen ganz ihre Seele, sie schwebt in einem dumpfen Bewußtsein, in einem Vorgefühl aller Freuden, sie ist bis auf den höchsten Grad gespannt, wo sie endlich ihre Arme ausstreckt, all ihre Wünsche zu umfassen – und ihr Geliebter verläßt sie. – Erstarrt, ohne Sinne steht sie vor einem Abgrunde, und alles ist Finsternis um sie her, keine Aussicht, kein Trost, keine Ahndung; denn der hat sie verlassen, in dem sie allein ihr Dasein fühlte. Sie sieht nicht die weite Welt, die vor ihr liegt, nicht die vielen, die ihr den Verlust ersetzen könnten, sie fühlt sich allein, verlassen von aller Welt – und blind, in die Enge gepreßt

Putze: Festtagskleidung
Zwecke: vgl. 19.267
versiegelt: versichert
ohne Sinne: von Sinnen
Ahndung: vgl. 19.258

von der entsetzlichen Not ihres Herzens, stürzt sie sich hinunter, um in einem rings umfangenden Tode all ihre Qualen zu ersticken. – Sieh, Albert, das ist die Geschichte so manches Menschen, und sag, ist das nicht der Fall der Krankheit? Die Natur findet keinen Ausweg aus dem Labyrinthe der verworrenen und widersprechenden Kräfte, und der Mensch muß sterben.

Wehe dem, der zusehen und sagen könnte: ‚Die Törin! hätte sie gewartet, hätte sie die Zeit würken lassen, es würde sich die Verzweiflung schon gelegt, es würde sich ein anderer, sie zu trösten, schon vorgefunden haben.‘

Das ist eben, als wenn einer sagte: ‚Der Tor! stirbt am Fieber! Hätte er gewartet, bis sich seine Kräfte erholt, seine Säfte verbessert, der Tumult seines Blutes gelegt hätten, alles wäre gut gegangen, und er lebte bis auf den heutigen Tag!‘“

Albert, dem die Vergleichung noch nicht anschaulich war, wandte noch einiges ein, und unter andern: ich habe nur von einem einfältigen Mädchen gesprochen, wie denn aber ein Mensch von Verstande, der nicht so eingeschränkt sei, der mehr Verhältnisse übersähe, zu entschuldigen sein möchte, könne er nicht begreifen. „Mein Freund“, rief ich aus, „der Mensch ist Mensch, und das bißchen Verstand, das einer haben mag, kommt wenig oder nicht in Anschlag, wenn Leidenschaft wütet und die Grenzen der Menschheit einen drängen. Vielmehr – ein andermal davon“, sagt ich und griff nach meinem Hute. O mir war das Herz so voll – Und wir gingen auseinander, ohne einander verstanden zu haben. Wie denn auf dieser Welt keiner leicht den andern versteht.

Am 15. Aug.

Es ist doch gewiß, daß in der Welt den Menschen nichts notwendig macht als die Liebe. Ich fühl's an Lotten, daß

Törin: Seite 143 (17.201)
Tor: Seite 143
Säfte: Seite 147
Tumult: Aufruhr
einfältigen: beschränkt, einfach
in Anschlag: in Betracht
die Grenzen der Menschheit: die Beschränkungen des Menschseins

sie mich ungern verlöre, und die Kinder haben keine andre Idee, als daß ich immer morgen wiederkommen würde. Heut war ich hinausgegangen, Lottens Klavier zu stimmen, ich konnte aber nicht dazu kommen, denn die Kleinen verfolgten mich um ein Märchen, und Lotte sagte denn selbst, ich sollte ihnen den Willen tun. Ich schnitt ihnen das Abendbrot, das sie nun fast so gerne von mir als von Lotten annehmen, und erzählte ihnen das Hauptstückchen von der Prinzessin, die von Händen bedient wird. Ich lerne viel dabei, das versichr' ich dich, und ich bin erstaunt, was es auf sie für Eindrücke macht. Weil ich manchmal einen Inzidenzpunkt erfinden muß, den ich beim zweitenmal vergesse, sagen sie gleich, das vorigemal wär's anders gewest, so daß ich mich jetzt übe, sie unveränderlich in einem singenden Silbenfall an einem Schnürchen weg zu rezitieren. Ich habe daraus gelernt, wie ein Autor durch eine zweite, veränderte Auflage seiner Geschichte, und wenn sie noch so poetisch besser geworden wäre, notwendig seinem Buche schaden muß. Der erste Eindruck findet uns willig, und der Mensch ist so gemacht, daß man ihm das Abenteuerlichste überreden kann, das haftet aber auch gleich so fest, und wehe dem, der es wieder auskratzen und austilgen will.

Am 18. Aug.

Mußte denn das so sein? daß das, was des Menschen Glückseligkeit macht, wieder die Quelle seines Elends würde.

Das volle, warme Gefühl meines Herzens an der lebendigen Natur, das mich mit so viel Wonne überströmte, das ringsumher die Welt mir zu einem Paradiese schuf, wird mir jetzt zu einem unerträglichen Peiniger, zu einem quälenden Geiste, der mich auf allen Wegen verfolgt. Wenn ich sonst vom Fels über den Fluß bis zu je-

Seite 147

juristisch: strittiger Nebenpunkt; hier: Einzelheit einer Erzählung

gewesen

aufsagen

löschen

vgl. „Natur", Seite 138 f.

vgl. 14.97

nen Hügeln das fruchtbare Tal überschaute und alles um mich her keimen und quellen sah, wenn ich jene Berge, vom Fuße bis auf zum Gipfel, mit hohen, dichten Bäumen bekleidet, all jene Täler in ihren mannigfaltigen Krümmungen von den lieblichsten Wäldern beschattet sah und der sanfte Fluß zwischen den lispelnden Rohren dahingleitete und die lieben Wolken abspiegelte, die der sanfte Abendwind am Himmel herüberwiegte, wenn ich denn die Vögel um mich den Wald beleben hörte und die Millionen Mückenschwärme im letzten roten Strahle der Sonne mutig tanzten und ihr letzter, zuckender Blick den summenden Käfer aus seinem Grase befreite und das Gewebere um mich her mich auf den Boden aufmerksam machte und das Moos, das meinem harten Felsen seine Nahrung abzwingt, und das Geniste, das den dürren Sandhügel hinunterwächst, mir alles das innere, glühende, heilige Leben der Natur eröffnete, wie umfaßt ich das all mit warmen Herzen, verlor mich in der unendlichen Fülle, und die herrlichen Gestalten der unendlichen Welt bewegten sich allebend in meiner Seele. Ungeheure Berge umgaben mich, Abgründe lagen vor mir, und Wetterbäche stürzten herunter, die Flüsse strömten unter mir, und Wald und Gebürg erklang. Und ich sah sie würken und schaffen ineinander in den Tiefen der Erde, all die Kräfte unergründlich. Und nun über der Erde und unter dem Himmel wimmeln die Geschlechter der Geschöpfe all, und alles, alles bevölkert mit tausendfachen Gestalten, und die Menschen dann sich in Häuslein zusammen sichern und sich annisten und herrschen in ihrem Sinne über die weite Welt! Armer Tor, der du alles so gering achtest, weil du so klein bist. Vom unzugänglichen Gebürge über die Einöde, die kein Fuß betrat, bis ans Ende des unbekannten Ozeans weht der Geist

vgl. 13.65

dem säuselnden, flüsternden Röhricht

das Weben, die stete Bewegung

Gestrüpp, Gebüsch

von ewigem Leben erfüllt

vom Gewitterregen angeschwollene oder entstandene Bäche

sich gegenseitig Schutz geben

Seite 143

Gottes

Flügeln

vgl. 14.97

vgl. „Herz" Seite 137 f.

gemeint ist Gott

des Ewigschaffenden und freut sich jedes Staubs, der ihn vernimmt und lebt. Ach damals, wie oft hab ich mich mit Fittichen eines Kranichs, der über mich hinflog, zu dem Ufer des ungemessenen Meeres gesehnt, aus dem schäumenden Becher des Unendlichen jene schwellende Lebenswonne zu trinken und nur einen Augenblick in der eingeschränkten Kraft meines Busens einen Tropfen der Seligkeit des Wesens zu fühlen, das alles in sich und durch sich hervorbringt.

Seite 137 (11.12)

Bruder, nur die Erinnerung jener Stunden macht mir wohl, selbst diese Anstrengung, jene unsäglichen Gefühle zurückzurufen, wieder auszusprechen, hebt meine Seele über sich selbst und läßt mir dann das Bange des Zustands doppelt empfinden, der mich jetzt umgibt.

Wortneuschöpfung (Neologismus) nach Art Klopstocks, der für Neologismen der Bewegung bekannt ist

Es hat sich vor meiner Seele wie ein Vorhang weggezogen, und der Schauplatz des unendlichen Lebens verwandelt sich vor mir in den Abgrund des ewig offnen Grabs. Kannst du sagen: Das ist! da alles vorübergeht, da alles mit der Wetterschnelle vorüberrollt, so selten die ganze Kraft seines Daseins ausdauert, ach, in den Strom fortgerissen, untergetaucht und an Felsen zerschmettert wird. Da ist kein Augenblick, der nicht dich verzehrte und die Deinigen um dich her, kein Augenblick, da du nicht ein Zerstörer bist, sein mußt. Der harmloseste Spaziergang kostet tausend, tausend armen Würmchen das Leben, es zerrüttet ein Fußtritt die mühseligen Gebäude der Ameisen und stampft eine kleine Welt in ein schmähliches Grab. Ha! nicht die große, seltene Not der Welt, diese Fluten, die eure Dörfer wegspülen, diese Erdbeben, die eure Städte verschlingen, rühren mich. Mir untergräbt das Herz die verzehrende Kraft, die im All der Natur verborgen liegt, die nichts gebildet hat, das nicht seinen Nachbar, nicht sich selbst zerstörte. Und so taumele ich beängstet! Himmel und Erde und all die webenden Kräfte um mich her! Ich sehe nichts als ein ewig verschlingendes, ewig wiederkäuendes Ungeheuer.

Am 21. Aug.

Umsonst strecke ich meine Arme nach ihr aus, morgens, wenn ich von schweren Träumen aufdämmere, vergebens such ich sie nachts in meinem Bette, wenn mich ein glücklicher, unschuldiger Traum getäuscht hat, als säß ich neben ihr auf der Wiese und hielte ihre Hand und deckte sie mit tausend Küssen. Ach, wenn ich denn noch halb im Taumel des Schlafs nach ihr tappe und drüber mich ermuntere – Ein Strom von Tränen bricht aus meinem gepreßten Herzen, und ich weine trostlos einer finstern Zukunft entgegen.

dabei aufwache

Am 22. Aug.

Es ist ein Unglück, Wilhelm! all meine tätigen Kräfte sind zu einer unruhigen Lässigkeit verstimmt, ich kann nicht müßig sein, und wieder kann ich nichts tun. Ich hab keine Vorstellungskraft, kein Gefühl an der Natur, und die Bücher speien mich alle an. Wenn wir uns selbst fehlen, fehlt uns doch alles. Ich schwöre dir, manchmal wünschte ich, ein Taglöhner zu sein, um nur des Morgens beim Erwachen eine Aussicht auf den künftigen Tag, einen Drang, eine Hoffnung zu haben. Oft beneid ich Alberten, den ich über die Ohren in Akten begraben sehe, und bilde mir ein: mir wär's wohl, wenn ich an seiner Stelle wäre! Schon etlichemal ist mir's so aufgefahren, ich wollte dir schreiben und dem Minister und um die Stelle bei der Gesandtschaft anhalten, die, wie du versicherst, mir nicht versagt werden würde. Ich glaube es selbst, der Minister liebt mich seit lange, hatte lange mir angelegen, ich sollte mich employieren, und eine Stunde ist mir's auch wohl drum zu tun; hernach, wenn

eingefallen

mich darum gebeten

(als Beamten) anstellen lassen

Fabel bei Stesichorus, Phädrus, Horaz und Lafontaine

ich so wieder dran denke und mir die Fabel vom Pferde einfällt, das, seiner Freiheit ungeduldig, sich Sattel und Zeug auflegen läßt und zu Schanden geritten wird. Ich weiß nicht, was ich soll – Und, mein Lieber! Ist nicht vielleicht das Sehnen in mir nach Veränderung des Zustands eine innre unbehagliche Ungeduld, die mich überallhin verfolgen wird?

Am 28. Aug.

Seite 147
Seite 147
Seite 147

Trugbilder

Es ist wahr, wenn meine Krankheit zu heilen wäre, so würden diese Menschen es tun. Heut ist mein Geburtstag, und in aller Frühe empfang ich ein Päckchen von Alberten. Mir fällt beim Eröffnen sogleich eine der blaßroten Schleifen in die Augen, die Lotte vor hatte, als ich sie kennenlernte, und um die ich sie seither etlichemal gebeten hatte. Es waren zwei Büchelchen in Duodez dabei, der kleine Wetsteinische Homer, ein Büchelchen, nach dem ich so oft verlangt, um mich auf dem Spaziergange mit dem Ernestischen nicht zu schleppen. Sieh! so kommen sie meinen Wünschen zuvor, so suchen sie all die kleinen Gefälligkeiten der Freundschaft auf, die tausendmal werter sind als jene blendende Geschenke, wodurch uns die Eitelkeit des Gebers erniedrigt. Ich küsse diese Schleife tausendmal, und mit jedem Atemzuge schlürfe ich die Erinnerung jener Seligkeiten ein, mit denen mich jene wenige glückliche, unwiederbringliche Tage überfüllten. Wilhelm, es ist so, und ich murre nicht, die Blüten des Lebens sind nur Erscheinungen! Wie viele gehn vorüber, ohne eine Spur hinter sich zu lassen, wie wenige setzen Frucht an, und wie wenige dieser Früchte werden reif. Und doch sind deren noch genug da, und doch – O mein Bruder! können wir gereifte Früchte vernachlässigen, verachten, ungenossen verwelken und verfaulen lassen?

Lebe wohl! Es ist ein herrlicher Sommer, ich sitze oft auf den Obstbäumen in Lottens Baumstück mit dem Obstbrecher, der langen Stange, und hole die Birn aus dem Gipfel. Sie steht unten und nimmt sie ab, wenn ich sie ihr hinunterlasse.

Obstpflücker

Am 30. Aug.

Unglücklicher! Bist du nicht ein Tor? Betrügst du dich nicht selbst? Was soll all diese tobende, endlose Leidenschaft? Ich habe kein Gebet mehr als an sie, meiner Einbildungskraft erscheint keine andere Gestalt als die ihrige, und alles in der Welt um mich her sehe ich nur im Verhältnisse mit ihr. Und das macht mir denn so manche glückliche Stunde – Bis ich mich wieder von ihr losreißen muß, ach Wilhelm, wozu mich mein Herz oft drängt! – Wenn ich so bei ihr gesessen bin, zwei, drei Stunden, und mich an der Gestalt, an dem Betragen, an dem himmlischen Ausdruck ihrer Worte geweidet habe und nun so nach und nach alle meine Sinnen aufgespannt werden, mir's düster vor den Augen wird, ich kaum was noch höre und mich's an die Gurgel faßt wie ein Meuchelmörder, dann mein Herz in wilden Schlägen den bedrängten Sinnen Luft zu machen sucht und ihre Verwirrung vermehrt. Wilhelm, ich weiß oft nicht, ob ich auf der Welt bin! Und wenn nicht manchmal die Wehmut das Übergewicht nimmt und Lotte mir den elenden Trost erlaubt, auf ihrer Hand meine Beklemmung auszuweinen, so muß ich fort! Muß hinaus! Und schweife dann weit im Felde umher. Einen gähen Berg zu klettern, ist dann meine Freude, durch einen unwegsamen Wald einen Pfad durchzuarbeiten, durch die Hecken, die mich verletzen, durch die Dornen, die mich zerreißen! Da wird mir's etwas besser! Etwas! Und wenn ich für Müdigkeit und Durst manchsmal unterwegs liegenbleibe,

Seite 143

vgl. 12.35

vgl. 29.601

steilen

vor

manchmal in der tiefen Nacht, wenn der hohe Vollmond über mir steht, im einsamen Walde auf einem krummgewachsnen Baum mich setze, um meinen verwundeten Sohlen nur einige Linderung zu verschaffen, und dann in einer ermattenden Ruhe in dem Dämmerscheine hinschlummre! O Wilhelm! Die einsame Wohnung einer Zelle, das härne Gewand und der Stachelgürtel wären Labsale, nach denen meine Seele schmachtet. Adieu. Ich seh all dieses Elends kein Ende als das Grab.

Seite 148
Seite 148
vgl. 36.826
sich sehnt
vgl. 20.291–94

Am 3. Sept.

Ich muß fort! Ich danke dir, Wilhelm, daß du meinen wankenden Entschluß bestimmt hast. Schon vierzehn Tage geh ich mit dem Gedanken um, sie zu verlassen. Ich muß. Sie ist wieder in der Stadt bei einer Freundin. Und Albert – und – ich muß fort.

Am 10. Sept.

Das war eine Nacht! Wilhelm, nun übersteh ich alles. Ich werde sie nicht wieder sehn. O daß ich nicht an deinen Hals fliegen, dir mit tausend Tränen und Entzückungen ausdrücken kann, mein Bester, all die Empfindungen, die mein Herz bestürmen. Hier sitz ich und schnappe nach Luft, suche mich zu beruhigen und erwarte den Morgen, und mit Sonnenaufgang sind die Pferde bestellt.

Ach, sie schläft ruhig und denkt nicht, daß sie mich nie wiedersehen wird. Ich habe mich losgerissen, bin stark genug gewesen, in einem Gespräche von zwei Stunden mein Vorhaben nicht zu verraten. Und Gott, welch ein Gespräch!

Albert hatte mir versprochen, gleich nach dem Nachtessen mit Lotten im Garten zu sein. Ich stand auf der Terrasse unter den hohen Kastanienbäumen und sah der Sonne nach, die mir nun zum letztenmal über dem lieblichen Tale, über dem sanften Flusse unterging. So oft

Abendessen

hatte ich hier gestanden mit ihr und ebendem herrlichen Schauspiele zugesehen, und nun – Ich ging in der Allee auf und ab, die mir so lieb war; ein geheimer sympathetischer Zug hatte mich hier so oft gehalten, eh ich noch Lotten kannte, und wie freuten wir uns, als im Anfange unserer Bekanntschaft wir die wechselseitige Neigung zu dem Plätzchen entdeckten, das wahrhaftig eins der romantischten ist, die ich von der Kunst habe hervorgebracht gesehen.

sympathetischer: mitfühlender (Vorstellung der Seelenverwandtschaft)
romantischten: romanhaftesten
Kunst: Gartenbaukunst

Erst hast du zwischen den Kastanienbäumen die weite Aussicht – Ach, ich erinnere mich, ich habe dir, denk ich, schon viel geschrieben davon, wie hohe Buchenwände einen endlich einschließen und durch ein daran stoßendes Bosquet die Allee immer düstrer wird, bis zuletzt alles sich in ein geschlossenes Plätzchen endigt, das alle Schauer der Einsamkeit umschweben. Ich fühl es noch, wie heimlich mir's ward, als ich zum erstenmal an einem hohen Mittage hineintrat, ich ahndete ganz leise, was das noch für ein Schauplatz werden sollte von Seligkeit und Schmerz.

Bosquet: beschnittene Gruppe von Büschen und Bäumen in Parkanlagen
heimlich: vgl. 20.310

Ich hatte mich etwa eine halbe Stunde in denen schmachtend süßen Gedanken des Abscheidens, des Wiedersehns geweidet, als ich sie die Terrasse heraufsteigen hörte, ich lief ihnen entgegen, mit einem Schauer faßt ich ihre Hand und küßte sie. Wir waren eben heraufgetreten, als der Mond hinter dem büschigen Hügel aufging, wir redeten mancherlei und kamen unvermerkt dem düstern Kabinette näher. Lotte trat hinein und setzte sich, Albert neben sie, ich auch, doch meine Unruhe ließ mich nicht lange sitzen, ich stand auf, trat vor sie, ging auf und ab, setzte mich wieder, es war ein ängstlicher Zustand. Sie machte uns aufmerksam auf die schöne Würkung des Mondenlichts, das am Ende der Buchenwände die

geweidet: vgl. 29.601
Kabinette: gemeint ist hier das durch Bäume eingefasste ‚geschlossene Plätzchen'

ganze Terrasse vor uns erleuchtete, ein herrlicher Anblick, der um so viel frappanter war, weil uns rings eine tiefe Dämmerung einschloß. Wir waren still, und sie fing nach einer Weile an: „Niemals geh ich im Mondenlichte spazieren, niemals, daß mir nicht der Gedanke an meine Verstorbenen begegnete, daß nicht das Gefühl von Tod, von Zukunft über mich käme. Wir werden sein“, fuhr sie mit der Stimme des herrlichsten Gefühls fort, „aber, Werther, sollen wir uns wiederfinden? und wiedererkennen? Was ahnden Sie, was sagen Sie?“

überraschender

„Lotte“, sagt ich, indem ich ihr die Hand reichte und mir die Augen voll Tränen wurde, „wir werden uns wiedersehn! Hier und dort wieder sehn!“ Ich konnte nicht weiterreden – Wilhelm, mußte sie mich das fragen, da ich diesen ängstlichen Abschied im Herzen hatte.

„Und ob die lieben Abgeschiednen von uns wissen“, fuhr sie fort, „ob sie fühlen, wann's uns wohl geht, daß wir mit warmer Liebe uns ihrer erinnern? O die Gestalt meiner Mutter schwebt immer um mich, wenn ich so am stillen Abend unter ihren Kindern, unter meinen Kindern sitze und sie um mich versammlet sind, wie sie um sie versammlet waren. Wenn ich so mit einer sehnenden Träne gen Himmel sehe und wünsche: daß sie hereinschauen könnte einen Augenblick, wie ich mein Wort halte, das ich ihr in der Stunde des Todes gab: die Mutter ihrer Kinder zu sein. Hundertmal ruf ich aus: ‚Verzeih mir's, Teuerste, wenn ich ihnen nicht bin, was du ihnen warst. Ach! tu ich doch alles, was ich kann, sind sie doch gekleidet, genährt, ach, und was mehr ist als das alles, gepflegt und geliebet. Könntest du unsere Eintracht sehn, liebe Heilige! du würdest mit dem heißesten Danke den Gott verherrlichen, den du mit den letzten, bittersten Tränen um die Wohlfahrt deiner Kinder batst.‘“ Sie sagte das! O Wilhelm! wer kann wiederholen, was sie sagte, wie kann der kalte, tote Buchstabe diese himmlische Blüte des Geistes darstellen. Albert fiel ihr sanft in die Rede: „Es greift Sie zu stark an, liebe Lotte, ich weiß, Ihre Seele hängt sehr nach diesen Ideen, aber ich bitte Sie –“ – „O Albert“, sagte sie, „ich weiß, du vergißt nicht die Abende, da wir zusammen saßen an dem kleinen runden Tischchen, wenn der Papa verreist war und wir die Kleinen schlafen geschickt hatten. Du hattest oft ein gutes Buch und kamst so selten dazu, etwas zu lesen. War der Umgang dieser herrlichen Seele nicht mehr als alles! die schöne, sanfte, muntere und immer tätige Frau! Gott kennt meine Tränen, mit denen ich mich oft in meinem Bette vor ihn hinwarf: er möchte mich ihr gleichmachen.“

vgl. „Literatur“, Seite 141 f.

vgl. 41.987

„Lotte!“ rief ich aus, indem ich mich vor sie hinwarf, ihre Hände nahm und mit tausend Tränen netzte. „Lotte, der Segen Gottes ruht über dir und der Geist deiner Mutter!“ – „Wenn Sie sie gekannt hätten!“ sagte sie, indem sie mir die Hand drückte, „sie war wert, von Ihnen gekannt zu sein.“ Ich glaubte zu vergehen; nie war ein größeres, stolzeres Wort über mich ausgesprochen worden, und sie fuhr fort: „Und diese Frau mußte in der Blüte ihrer Jahre dahin, da ihr jüngster Sohn nicht sechs Monate alt war. Ihre Krankheit dauerte nicht lange; sie war ruhig, resigniert, nur ihre Kinder taten ihr weh, besonders das kleine. Wie es gegen das Ende ging und sie zu mir sagte: ‚Bring mir sie herauf!‘ und wie ich sie hereinführte, die kleinen, die nicht wußten, und die ältesten, die ohne Sinne waren, wie sie ums Bett standen und wie sie die Hände aufhub und über sie betete und sie küßte nacheinander und sie wegschickte und zu mir sagte: ‚Sei ihre Mutter!‘ Ich gab ihr die Hand drauf! ‚Du versprichst

vgl. 45.1131

viel meine Tochter‘, sagte sie, ‚das Herz einer Mutter und das Aug einer Mutter! Ich hab oft an deinen dankbaren Tränen gesehen, daß du fühlst, was das sei. Hab es für deine Geschwister und für deinen Vater die Treue, den Gehorsam einer Frau. Du wirst ihn trösten.‘ Sie fragte nach ihm, er war ausgegangen, um uns den unerträglichen Kummer zu verbergen, den er fühlte, der Mann war ganz zerrissen.

Albert, du warst im Zimmer! Sie hörte jemand gehn und fragte und forderte dich zu ihr. Und wie sie dich ansah und mich, mit dem getrösteten, ruhigen Blicke, daß wir glücklich sein, zusammen glücklich sein würden.“ Albert fiel ihr um den Hals und küßte sie und rief: „Wir sind’s! wir werden’s sein.“ Der ruhige Albert war ganz aus seiner Fassung, und ich wußte nichts von mir selber.

„Werther“, fing sie an, „und diese Frau sollte dahin sein! Gott, wenn ich manchmal so denke, wie man das Liebste seines Lebens so wegtragen läßt und niemand als die Kinder das so scharf fühlt, die sich noch lange beklagten: die schwarzen Männer hätten die Mama weggetragen.“

Sie stund auf, und ich ward erweckt und erschüttert, blieb sitzen und hielt ihre Hand. „Wir wollen fort“, sagte sie, „es wird Zeit.“ Sie wollte ihre Hand zurückziehen, und ich hielt sie fester! „Wir werden uns wieder sehn“, rief ich, „wir werden uns finden, unter allen Gestalten werden wir uns erkennen. Ich gehe“, fuhr ich fort, „ich gehe willig, und doch, wenn ich sagen sollte auf ewig, ich würde es nicht aushalten. Leb wohl, Lotte! Leb wohl, Albert! Wir sehen uns wieder.“ – „Morgen, denk ich“, versetzte sie scherzend, ich fühlte das „Morgen“! Ach, sie wußte nicht, als sie ihre Hand aus der meinigen zog – sie gingen die Allee hinaus, ich stand, sah ihnen nach im

Mondscheine und warf mich an die Erde und weinte mich aus und sprang auf, lief auf die Terrasse hervor und sah noch dort drunten im Schatten der hohen Lindenbäume ihr weißes Kleid nach der Gartentüre schimmern, ich streckte meine Arme hinaus, und es verschwand.

Zweiter Teil

Am 20. Okt. 1771

Gestern sind wir hier angelangt. Der Gesandte ist unpaß und wird sich also einige Tage einhalten, wenn er nur nicht so unhold wäre, wär alles gut. Ich merke, ich merke, das Schicksal hat mir harte Prüfungen zugedacht. Doch gutes Muts! ein leichter Sinn trägt alles! Ein leichter Sinn! Das macht mich zu lachen, wie das Wort in meine Feder kommt. O ein bißchen leichteres Blut würde mich zum glücklichsten Menschen unter der Sonne machen. Was! Da, wo andre mit ihrem bißchen Kraft und Talent vor mir in behaglicher Selbstgefälligkeit herumschwadronieren, verzweifl ich an meiner Kraft, an meinen Gaben. Guter Gott! der du mir das alles schenktest, warum hieltest du nicht die Hälfte zurück und gabst mir Selbstvertrauen und Genügsamkeit!

unpaß: leicht erkrankt
sich also einige Tage einhalten: einige Tage daheim bleiben
unhold: mürrisch, unfreundlich
leichteres Blut: Unbeschwertheit
herumschwadronieren: prahlen, sich brüsten

Geduld! Geduld! Es wird besser werden. Denn ich sage dir, Lieber, du hast recht. Seit ich unter dem Volke so alle Tage herumgetrieben werde und sehe, was sie tun und wie sie's treiben, steh ich viel besser mit mir selbst. Gewiß, weil wir doch einmal so gemacht sind, daß wir alles mit uns und uns mit allem vergleichen, so liegt Glück oder Elend in den Gegenständen, womit wir uns zusammenhalten, und da ist nichts gefährlicher als die Einsamkeit. Unsere Einbildungskraft, durch ihre Natur

unter dem Volke: Seite 148
zusammenhalten: vergleichen
Einbildungskraft: vgl. 12.35

genötigt

nur in der Vorstellung vorhandene

gedrungen, sich zu erheben, durch die phantastische Bilder der Dichtkunst genährt, bildet sich eine Reihe Wesen hinauf, wo wir das unterste sind und alles außer uns herrlicher erscheint, jeder andre vollkommner ist. Und das geht ganz natürlich zu: Wir fühlen so oft, daß uns manches mangelt, und eben was uns fehlt, scheint uns oft ein anderer zu besitzen, dem wir denn auch alles dazugeben, was wir haben, und noch eine gewisse idealische Behaglichkeit dazu. Und so ist der Glückliche vollkommen fertig, das Geschöpf unserer selbst.

gegen den Wind kreuzen; im übertragenen Sinn: geschickt hindurchwinden

Dagegen wenn wir mit all unserer Schwachheit und Mühseligkeit nur gerade fortarbeiten, so finden wir gar oft, daß wir mit all unserm Schlendern und Lavieren es weiter bringen als andre mit ihren Segeln und Rudern – und – das ist doch ein wahres Gefühl seiner selbst, wenn man andern gleich- oder gar vorlauft.

Am 10. Nov.

zeigte Anteilnahme

Ich fange an, mich insofern ganz leidlich hier zu befinden. Das beste ist, daß es zu tun genug gibt, und dann die vielerlei Menschen, die allerlei neue Gestalten machen mir ein buntes Schauspiel vor meiner Seele. Ich habe den Grafen C… kennenlernen, einen Mann, den ich jeden Tag mehr verehren muß. Einen weiten, großen Kopf, und der deswegen nicht kalt ist, weil er viel übersieht; aus dessen Umgange so viel Empfindung für Freundschaft und Liebe hervorleuchtet. Er nahm teil an mir, als ich einen Geschäftsauftrag an ihn ausrichtete und er bei den ersten Worten merkte, daß wir uns verstunden, daß er mit mir reden konnte wie nicht mit jedem. Auch kann ich sein offnes Betragen gegen mich nicht genug rühmen. So eine wahre, warme Freude ist nicht in der Welt, als eine große Seele zu sehen, die sich gegen einen öffnet.

Am 24. Dez.

Der Gesandte macht mir viel Verdruß, ich hab es vorausgesehn. Es ist der pünktlichste Narre, den's nur geben kann. Schritt vor Schritt und umständlich wie eine Base. Ein Mensch, der nie selbst mit sich zufrieden ist und dem's daher niemand zu Danke machen kann. Ich arbeite gern leicht weg und wie's steht, so steht's, da ist er imstande, mir einen Aufsatz zurückzugeben und zu sagen: „Er ist gut, aber sehen Sie ihn durch, man findt immer ein besser Wort, eine reinere Partikel." Da möcht ich des Teufels werden. Kein Und, kein Bindwörtchen sonst darf außenbleiben, und von allen Inversionen, die mir manchmal entfahren, ist er ein Todfeind. Wenn man seinen Period nicht nach der hergebrachten Melodie heraborgelt, so versteht er gar nichts drinne. Das ist ein Leiden, mit so einem Menschen zu tun zu haben.

Das Vertrauen des Grafen von C… ist noch das einzige, was mich schadlos hält. Er sagte mir letzthin ganz aufrichtig, wie unzufrieden er über die Langsamkeit und Bedenklichkeit meines Gesandten sei. „Die Leute erschweren sich's und andern. Doch", sagt' er, „man muß sich darein resignieren wie ein Reisender, der über einen Berg muß. Freilich! wär der Berg nicht da, wäre der Weg viel bequemer und kürzer, er ist nun aber da! und es soll drüber!"

Mein Alter spürt auch wohl den Vorzug, den mir der Graf vor ihm gibt, und das ärgert ihn, und er ergreift jede Gelegenheit, Übels gegen mich vom Grafen zu reden, ich halte, wie natürlich, Widerpart, und dadurch wird die Sache nur schlimmer. Gestern gar bracht er mich auf, denn ich war mitgemeint. Zu so Weltgeschäften wäre der Graf ganz gut, er hätte viel Leichtigkeit zu arbeiten und führte eine gute Feder, doch an gründlicher

- pünktlichste: übergenaueste
- Base: hier im abfälligen Sinn: „alte Jungfer"
- zu Danke: Recht
- leicht weg: mit schneller Hand
- einen Aufsatz: ein Schriftstück
- Partikel: Seite 148
- Inversionen: Seite 148
- Period: Gesamtsatz aus mehreren Teilsätzen; hier allgemeiner: Satzgefüge
- heraborgelt: herunterleiert
- resignieren: vgl. 45.1131
- Mein Alter: gemeint ist: der Gesandte
- ich halte, wie natürlich, Widerpart: ich widerspreche

Gelehrsamkeit mangelt es ihm wie all den Belletristen. Darüber hätt ich ihn gern ausgeprügelt, denn weiter ist mit den Kerls nicht zu räsonieren; da das aber nun nicht anging, so focht ich mit ziemlicher Heftigkeit und sagt ihm, der Graf sei ein Mann, vor dem man Achtung haben müßte, wegen seines Charakters sowohl als seiner Kenntnisse; „ich habe", sagt ich, „niemand gekannt, dem es so geglückt wäre, seinen Geist zu erweitern, ihn über unzählige Gegenstände zu verbreiten und doch die Tätigkeit fürs gemeine Leben zu behalten." Das waren dem Gehirn spanische Dörfer, und ich empfahl mich, um nicht über ein weiteres Déraisonnement noch mehr Galle zu schlucken.

Und daran seid ihr all schuld, die ihr mich in das Joch geschwatzt und mir so viel von Aktivität vorgesungen habt. Aktivität! Wenn nicht der mehr tut, der Kartoffeln steckt und in die Stadt reitet, sein Korn zu verkaufen, als ich, so will ich zehn Jahre noch mich auf der Galeere abarbeiten, auf der ich nun angeschmiedet bin.

Und das glänzende Elend, die Langeweile unter dem garstigen Volke, das sich hier nebeneinander sieht. Die Rangsucht unter ihnen, wie sie nur wachen und aufpassen, einander ein Schrittchen abzugewinnen, die elendesten, erbärmlichsten Leidenschaften, ganz ohne Röckchen! Da ist ein Weib, zum Exempel, die jedermann von ihrem Adel und ihrem Lande unterhält, daß nun jeder Fremde denken muß: Das ist eine Närrin, die sich auf das bißchen Adel und auf den Ruf ihres Landes Wunderstreiche einbildet. – Aber es ist noch viel ärger, eben das Weib ist hier aus der Nachbarschaft eine Amtschreiberstochter. – Sieh, ich kann das Menschengeschlecht nicht begreifen, das so wenig Sinn hat, um sich so platt zu prostituieren.

Seite 148

diskutieren

vgl. 57.1522

Seite 148

dummes Gerede

Wut herunterschlucken zu müssen

d. i. die Arbeit beim Gesandten

vgl. 50.1271 (= Aktivität)

Seite 148

vgl. 23.417

Seite 148

unverhüllt, unverhohlen

vgl. 13.396

Großartiges

vgl. 13.396

vgl. 50.1292

Zwar ich merke täglich mehr, mein Lieber, wie töricht man ist, andre nach sich zu berechnen. Und weil ich so viel mit mir selbst zu tun habe und dieses Herz und Sinn so stürmisch ist, ach ich lasse gern die andern ihres Pfads gehen, wenn sie mich nur auch könnten gehn lassen. Was mich am meisten neckt, sind die fatalen bürgerlichen Verhältnisse. Zwar weiß ich so gut als einer, wie nötig der Unterschied der Stände ist, wieviel Vorteile er mir selbst verschafft, nur soll er mir nicht eben grad im Wege stehn, wo ich noch ein wenig Freude, einen Schimmer von Glück auf dieser Erde genießen könnte. Ich lernte neulich auf dem Spaziergange ein Fräulein von B… kennen, ein liebenswürdiges Geschöpf, das sehr viele Natur mitten in dem steifen Leben erhalten hat. Wir gefielen uns in unserm Gespräche, und da wir schieden, bat ich sie um Erlaubnis, sie bei sich sehen zu dürfen. Sie gestattete mir das mit so viel Freimütigkeit, daß ich den schicklichen Augenblick kaum erwarten konnte, zu ihr zu gehen. Sie ist nicht von hier und wohnt bei einer Tante im Hause. Die Physiognomie der alten Schachtel gefiel mir nicht. Ich bezeigte ihr viel Aufmerksamkeit, mein Gespräch war meist an sie gewandt, und in minder als einer halben Stunde hatte ich so ziemlich weg, was mir das Fräulein nachher selbst gestund: daß die liebe Tante in ihrem Alter und dem Mangel von allem, vom anständigen Vermögen an bis auf den Geist, keine Stütze hat als die Reihe ihrer Vorfahren, keinen Schirm als den Stand, in dem sie sich verpalisadiert, und kein Ergötzen, als von ihrem Stockwerk herab über die bürgerlichen Häupter wegzusehen. In ihrer Jugend soll sie schön gewesen sein und ihr Leben so weggegaukelt, erst mit ihrem Eigensinne manchen armen Jungen gequält und in reifern Jahren sich unter den Gehorsam eines al-

vgl. 56.1479

vgl. 41.982

hier: unangenehmen

vgl. „Gesellschaft", Seite 146 f.

so gut wie jeder andere

viel Natürlichkeit

das Gesicht, die Gesichtsbildung, der Gesichtsausdruck

verstanden

Schutz

verbarrikadiert, verschanzt

vgl. 21.325

ten Offiziers geduckt haben, der gegen diesen Preis und einen leidlichen Unterhalt das eh'rne Jahrhundert mit ihr zubrachte und starb, und nun sieht sie im eisernen sich allein und würde nicht angesehn, wär ihre Nichte nicht so liebenswürdig.

Seite 148

Den 8. Jan. 1772

Was das für Menschen sind, deren ganze Seele auf dem Zeremoniell ruht, deren Dichten und Trachten jahrelang dahin geht, wie sie um einen Stuhl weiter hinauf bei Tische sich einschieben wollen. Und nicht, daß die Kerls sonst keine Angelegenheit hätten, nein, vielmehr häufen sich die Arbeiten, eben weil man über die kleinen Verdrüßlichkeiten von Beförderung der wichtigen Sachen abgehalten wird. Vorige Woche gab's bei der Schlittenfahrt Händel, und der ganze Spaß wurde verdorben. Die Toren, die nicht sehen, daß es eigentlich auf den Platz gar nicht ankommt und daß der, der den ersten hat, so selten die erste Rolle spielt! Wie mancher König wird durch seinen Minister, wie mancher Minister durch seinen Sekretär regiert. Und wer ist dann der Erste? Der, dünkt mich, der die andern übersieht und so viel Gewalt oder List hat, ihre Kräfte und Leidenschaften zu Ausführung seiner Plane anzuspannen.

Etikette, Regeln des förmlichen Verkehrs bei Hof
Streben
im Sinne von: in der Rangordnung aufsteigen
nichts zu tun
Streit
Seite 143
vgl. 19.269
durchschaut
vgl. 42.1031

Am 20. Jan.

Ich muß Ihnen schreiben, liebe Lotte, hier in der Stube einer geringen Bauernherberge, in die ich mich vor einem schweren Wetter geflüchtet habe. Solange ich in dem traurigen Neste D… unter dem fremden, meinem Herzen ganz fremden Volke herumziehe, hab ich keinen Augenblick gehabt, keinen, an dem mein Herz mich geheißen hätte, Ihnen zu schreiben. Und jetzt in dieser Hütte, in dieser Einsamkeit, in dieser Einschränkung, da Schnee und Schloßen wider mein Fensterchen wüten,

Unwetter
Hagelkörner

hier waren Sie mein erster Gedanke. Wie ich hereintrat, überfiel mich Ihre Gestalt, Ihr Andenken. O Lotte! so heilig, so warm! Guter Gott! der erste glückliche Augenblick wieder.

Wenn Sie mich sähen, meine Beste, in dem Schwall von Zerstreuung! Wie ausgetrocknet meine Sinnen werden, nicht *einen* Augenblick der Fülle des Herzens, nicht *eine* selige, tränenreiche Stunde! Nichts! Nichts! Ich stehe wie vor einem Raritätenkasten und sehe die Männchen und Gäulchen vor mir herumrücken und frage mich oft, ob's nicht optischer Betrug ist. Ich spiele mit, vielmehr, ich werde gespielt wie eine Marionette und fasse manchmal meinen Nachbar an der hölzernen Hand und schaudere zurück.

Seite 148

vgl. 12.57; hier: schrecke

Ein einzig weiblich Geschöpf hab ich hier gefunden. Eine Fräulein von B… Sie gleicht Ihnen, liebe Lotte, wenn man Ihnen gleichen kann. „Ei!" werden Sie sagen, „der Mensch legt sich auf niedliche Komplimente!" Ganz unwahr ist's nicht. Seit einiger Zeit bin ich sehr artig, weil ich doch nicht anders sein kann, habe viel Witz, und die Frauenzimmer sagen, es wüßte niemand so fein zu loben als ich („und zu lügen", setzen Sie hinzu, denn ohne das geht's nicht ab, verstehen Sie). Ich wollte von Fräulein B… reden! Sie hat viel Seele, die voll aus ihren blauen Augen hervorblickt, ihr Stand ist ihr zur Last, der keinen der Wünsche ihres Herzens befriedigt. Sie sehnt sich aus dem Getümmel, und wir verphantasieren manche Stunde in ländlichen Szenen von ungemischter Glückseligkeit, ach! und von Ihnen! Wie oft muß sie Ihnen huldigen. Muß nicht, tut's freiwillig, hört so gern von Ihnen, liebt Sie –

feine, nette

vgl. 40.957

vgl. 17.209

O säß ich zu Ihren Füßen in dem lieben, vertraulichen Zimmerchen, und unsere kleinen Lieben wälzten sich

hier: vertrauten

miteinander um mich herum, und wenn sie Ihnen zu laut würden, wollt ich sie mit einem schauerlichen Märchen um mich zur Ruhe versammeln. Die Sonne geht herrlich unter über der schneeglänzenden Gegend, der Sturm ist hinübergezogen. Und ich – muß mich wieder in meinen Käfig sperren. Adieu! Ist Albert bei Ihnen! Und wie –? Gott verzeihe mir diese Frage!

Am 17. Febr.

Ich fürchte, mein Gesandter und ich halten's nicht lange mehr zusammen aus. Der Mensch ist ganz und gar unerträglich. Seine Art, zu arbeiten und Geschäfte zu treiben, ist so lächerlich, daß ich mich nicht enthalten kann, ihm zu widersprechen und oft eine Sache nach meinem Kopfe und Art zu machen, das ihm denn, wie natürlich, niemals recht ist. Darüber hat er mich neulich bei Hofe verklagt, und der Minister gab mir einen zwar sanften Verweis, aber es war doch ein Verweis, und ich stand im Begriffe, meinen Abschied zu begehren, als ich einen Privatbrief[5] von ihm erhielt, einen Brief, vor dem ich mich niedergekniet und den hohen, edlen, weisen Sinn angebetet habe, wie er meine allzu große Empfindlichkeit zurechtweist, wie er meine überspannte Ideen von Würksamkeit, von Einfluß auf andre, von Durchdringen in Geschäften als jugendlichen guten Mut zwar ehrt, sie nicht auszurotten, nur zu mildern und dahin zu leiten sucht, wo sie ihr wahres Spiel haben, ihre kräftige Würkung tun können. Auch bin ich auf acht Tage gestärkt und in mir selbst einig geworden. Die Ruhe der Seele ist ein herrlich Ding und die Freude an sich selbst, lieber

beschuldigt

überzogenen

[5] Man hat aus Ehrfurcht für diesen trefflichen Mann gedachten Brief und einen andern, dessen weiter hinten erwähnt wird, dieser Sammlung entzogen, weil man nicht glaubte, solche Kühnheit durch den wärmsten Dank des Publikums entschuldigen zu können.

Freund, wenn nur das Ding nicht ebenso zerbrechlich wäre, als es schön und kostbar ist.

Am 20. Febr.

Gott segne euch, meine Lieben, geb euch all die guten Tage, die er mir abzieht.

Ich danke dir, Albert, daß du mich betrogen hast, ich wartete auf Nachricht, wann euer Hochzeittag sein würde und hatte mir vorgenommen, feierlichst an demselben Lottens Schattenriß von der Wand zu nehmen und sie unter andere Papiere zu begraben. Nun seid ihr ein Paar, und ihr Bild ist noch hier! Nun, so soll's bleiben! Und warum nicht? Ich weiß, ich bin ja auch bei euch, bin, dir unbeschadet, in Lottens Herzen. Habe, ja ich habe den zweiten Platz drinne und will und muß ihn behalten. O ich würde rasend werden, wenn sie vergessen könnte – Albert, in dem Gedanken liegt eine Hölle. Albert! Leb wohl. Leb wohl, Engel des Himmels, leb wohl, Lotte!

Seite 145

Am 15. März

Ich hab einen Verdruß gehabt, der mich von hier wegtreiben wird, ich knirsche mit den Zähnen! Teufel! Er ist nicht zu ersetzen, und ihr seid doch allein schuld daran, die ihr mich spornet und triebt und quältet, mich in einen Posten zu begeben, der nicht nach meinem Sinne war. Nun hab ich's, nun habt ihr's. Und daß du nicht wieder sagst, meine überspannten Ideen verdürben alles, so hast du hier, lieber Herr, eine Erzählung, plan und nett, wie ein Chronikenschreiber das aufzeichnen würde.

vgl. „Gesellschaft", Seite 146 f.

angetrieben habt

vgl. 80.2274

überschaubar, einfach

Geschichtsschreiber

Der Graf von C. liebt mich, distinguiert mich, das ist bekannt, das hab ich dir schon hundertmal gesagt. Nun war ich bei ihm zu Tische gestern, eben an dem Tage, da abends die noble Gesellschaft von Herren und Frauen bei ihm zusammenkommt, an die ich nie gedacht hab, auch mir nie aufgefallen ist, daß wir Subalternen nicht

zeichnet mich aus, bevorzugt mich

Untergebenen

hineingehören. Gut. Ich speise beim Grafen, und nach Tische gehn wir im großen Saale auf und ab, ich rede mit ihm, mit dem Obrist B., der dazukommt, und so rückt die Stunde der Gesellschaft heran. Ich denke, Gott weiß, an nichts. Da tritt herein die übergnädige Dame von S… mit dero Herrn Gemahl und wohlausgebrüteten Gänslein Tochter mit der flachen Brust und niedlichem Schnürleib, machen en passant ihre hergebrachten hochadligen Augen und Naslöcher, und wie mir die Nation von Herzen zuwider ist, wollt ich eben mich empfehlen und wartete nur, bis der Graf vom garstigen Gewäsche frei wäre, als eben meine Fräulein B… hereintrat, da mir denn das Herz immer ein bißchen aufgeht, wenn ich sie sehe, blieb ich eben, stellte mich hinter ihren Stuhl und bemerkte erst nach einiger Zeit, daß sie mit weniger Offenheit als sonst, mit einiger Verlegenheit mit mir redte. Das fiel mir auf. Ist sie auch wie all das Volk, dacht ich, hol sie der Teufel! und war angestochen und wollte gehen, und doch blieb ich, weil ich intrigiert war, das Ding näher zu beleuchten. Über dem füllt sich die Gesellschaft. Der Baron F… mit der ganzen Garderobe von den Krönungszeiten Franz des Ersten her, der Hofrat R…, hier aber in qualitate Herr von R… genannt, mit seiner tauben Frau etc., den übel fournierten J… nicht zu vergessen, bei dessen Kleidung Reste des Altfränkischen mit dem neu'st Aufgebrachten kontrastieren etc., das kommt all, und ich rede mit einigen meiner Bekanntschaft, die alle sehr lakonisch sind, ich dachte – und gab nur auf meine B… acht. Ich merkte nicht, daß die Weiber am Ende des Saals sich in die Ohren pisperten, daß es auf die Männer zirkulierte daß Frau von S… mit dem Grafen redte (das alles hat mir Fräulein B… nachher erzählt), bis endlich der Graf auf mich losging und mich in ein Fenster nahm.

Obrist: Oberst
übergnädige: gnädige Dame (Anrede des Adels)
niedlichem Schnürleib: hier: zierlichem Korsett
en passant: im Vorbeigehen
Nation: hier: die Adelsgesellschaft
garstigen Gewäsche: vgl. 24.445
angestochen: gereizt
intrigiert: neugierig gemacht, interessiert
Franz des Ersten: Seite 148
in qualitate: Seite 148
übel fournierten: schlecht gekleideten
Altfränkischen: Altmodischen
lakonisch: kurz angebunden
Weiber: vgl. 23.396
pisperten: wisperten, flüsterten
zirkulierte: überging, Kreise zog
in ein Fenster nahm: in eine Fensternische führte

„Sie wissen“, sagt’ er, „unsere wunderbaren Verhältnisse, die Gesellschaft ist unzufrieden, merk ich, Sie hier zu sehn, ich wollte nicht um alles –“ –„Ihro Exzellenz“, fiel ich ein, „ich bitte tausendmal um Verzeihung, ich hätte eher dran denken sollen, und ich weiß, Sie verzeihen mir diese Inkonsequenz, ich wollte schon vorhin mich empfehlen, ein böser Genius hat mich zurückgehalten“, setzte ich lächelnd hinzu, indem ich mich neigte. Der Graf drückte meine Hände mit einer Empfindung, die alles sagte. Ich machte der vornehmen Gesellschaft mein Kompliment, ging und setzte mich in ein Kabriolett und fuhr nach M…, dort vom Hügel die Sonne untergehen zu sehen und dabei in meinem Homer den herrlichen Gesang zu lesen, wie Ulyß von dem trefflichen Schweinhirten bewirtet wird. Das war all gut.

Inkonsequenz: Nachlässigkeit, Versehen
Genius: Geist
mein Kompliment: verabschiedete mich
Kabriolett: Kutsche (zweirädriger Einspänner)
Homer: Seite 142
Ulyß: Odysseus Seite 148

Des Abends komm ich zurück zu Tische. Es waren noch wenige in der Gaststube, die würfelten auf einer Ecke, hatten das Tischtuch zurückgeschlagen. Da kommt der ehrliche A… hinein, legt seinen Hut nieder, indem er mich ansieht, tritt zu mir und sagt leise: „Du hast Verdruß gehabt?“ – „Ich?“ sagt ich. „Der Graf hat dich aus der Gesellschaft gewiesen.“ – „Hol sie der Teufel“, sagt ich, „mir war’s lieb, daß ich in die freie Luft kam.“ – „Gut“, sagt’ er, „daß du’s auf die leichte Achsel nimmst. Nur verdrießt mich’s. Es ist schon überall herum.“ Da fing mir das Ding erst an zu wurmen. Alle, die zu Tische kamen und mich ansahen, dacht ich, die sehen dich darum an! Das fing an, mir böses Blut zu setzen.

auf die leichte Achsel: auf die leichte Schulter
verdrießt: vgl. 40.957
Es ist schon überall herum: Es hat sich schon überall herumgesprochen.

Und da man nun heute gar, wo ich hintrete, mich bedauert, da ich höre, daß meine Neider nun triumphieren und sagen: da sähe man’s, wo’s mit den Übermütigen hinausging, die sich ihres bißchen Kopfs überhüben und glaubten, sich darum über alle Verhältnisse hinaussetzen

ihres bißchen Kopfs überhüben: etwas auf ihre geistigen Fähigkeiten einbilden zu dürfen, und was des Hundegeschwätzes mehr ist. Da möchte man sich ein Messer ins Herz bohren. Denn man rede von Selbständigkeit, was man will, den will ich sehn, der dulden kann, daß Schurken über ihn reden, wenn sie eine Prise über ihn haben. Wenn ihr Geschwätz leer ist, ach! da kann man sie leicht lassen.

ihm etwas anhaben können

Am 16. März

Es hetzt mich alles! Heut treff ich die Fräulein B… in der Allee. Ich konnte mich nicht enthalten, sie anzureden und ihr, sobald wir etwas entfernt von der Gesellschaft waren, meine Empfindlichkeit über ihr neuliches Betragen zu zeigen. „O Werther“, sagte sie mit einem innigen Tone, „konnten Sie meine Verwirrung so auslegen, da Sie mein Herz kennen. Was ich gelitten habe um Ihrentwillen von dem Augenblicke an, da ich in den Saal trat! Ich sah alles voraus, hundertmal saß mir's auf der Zunge, es Ihnen zu sagen, ich wußte, daß die von S… und T… mit ihren Männern eher aufbrechen würden, als in Ihrer Gesellschaft zu bleiben, ich wußte, daß der Graf es nicht mit ihnen verderben darf, und jetzo der Lärm.“ – „Wie, Fräulein?“ sagt ich und verbarg meinen Schrecken, denn alles, was Adelin mir ehgestern gesagt hatte, lief mir wie siedend Wasser durch die Adern in diesem Augenblicke. „Was hat mich's schon gekostet!“ sagte das süße Geschöpf, indem ihr die Tränen in den Augen stunden. Ich war nicht Herr mehr von mir selbst, war im Begriff, mich ihr zu Füßen zu werfen. „Erklären Sie sich“, ruft ich. Die Tränen liefen ihr die Wangen herunter, ich war außer mir. Sie trocknete sie ab, ohne sie verbergen zu wollen. „Meine Tante kennen Sie“, fing sie an; „sie war gegenwärtig und hat, o mit was für Augen hat sie das angesehn. Werther, ich habe gestern nacht ausgestanden, und heute früh eine Predigt über meinen Umgang mit

vorgestern

den gestrigen Abend ausgehalten

Ihnen, und ich habe müssen zuhören Sie herabsetzen, erniedrigen und konnte und durfte Sie nur halb verteidigen.“

Jedes Wort, das sie sprach, ging mir wie Schwerter durchs Herz. Sie fühlte nicht, welche Barmherzigkeit es gewesen wäre, mir das alles zu verschweigen, und nun fügte sie noch all dazu, was weiter würde geträtscht werden, was die schlechten Kerls alle darüber triumphieren würden. Wie man nunmehro meinen Übermut und Geringschätzung andrer, das sie mir schon lange vorwerfen, gestraft, erniedrigt ausschreien würde. Das alles, Wilhelm, von ihr zu hören mit der Stimme der wahrsten Teilnehmung. Ich war zerstört und bin noch wütend in mir. Ich wollte, daß sich einer unterstünde, mir's vorzuwerfen, daß ich ihm den Degen durch den Leib stoßen könnte! Wenn ich Blut sähe, würde mir's besser werden. Ach ich hab hundertmal ein Messer ergriffen, um diesem gedrängten Herzen Luft zu machen. Man erzählt von einer edlen Art Pferde, die, wenn sie schröcklich erhitzt und aufgejagt sind, sich selbst aus Instinkt eine Ader aufbeißen, um sich zum Atem zu helfen. So ist mir's oft, ich möchte mir eine Ader öffnen, die mir die ewige Freiheit schaffte.

getratscht

vgl. 20.291–94, Kommentar zu Materialien 2, 3 und 4, Seite 158

Am 24. März

Ich habe meine Dimission bei Hofe verlangt und werde sie, hoff ich, erhalten, und ihr werdet mir verzeihen, daß ich nicht erst Permission dazu bei euch geholt habe. Ich mußte nun einmal fort, und was ihr zu sagen hattet, um mir das Bleiben einzureden, weiß ich all, und also – Bring das meiner Mutter in einem Säftchen bei, ich kann mir selbst nicht helfen, also mag sie sich's gefallen lassen, wenn ich ihr auch nicht helfen kann. Freilich muß es ihr weh tun. Den schönen Lauf, den ihr Sohn grad zum Geheimrat und Gesandten ansetzte, so auf

Entlassung

Erlaubnis

Seite 148

es hinnehmen

höherer Beamter

Die vollständige Form „Halte machen“ bezieht sich ursprünglich auf das Haltmachen am Weideplatz für das Vieh.

einmal Halte zu sehen, und rückwärts mit dem Tierchen in Stall. Macht nun draus, was ihr wollt, und kombiniert die mögliche Fälle, unter denen ich hätte bleiben können und sollen. Genug, ich gehe. Und damit ihr wißt, wo ich hinkomme, so ist hier der Fürst***, der viel Geschmack an meiner Gesellschaft findet, der hat mich gebeten, da er von meiner Absicht hörte, mit ihm auf seine Güter zu gehen und den schönen Frühling da zuzubringen. Ich soll ganz mir selbst gelassen sein, hat er mir versprochen, und da wir uns zusammen bis auf einen gewissen Punkt verstehn, so will ich's denn auf gut Glück wagen und mit ihm gehen.

Den 19. April

Zur Nachricht

Klagen

vgl. 23.404

Danke für deine beiden Briefe. Ich antwortete nicht, weil ich diesen Brief liegen ließ, bis mein Abschied von Hofe da wäre, weil ich fürchtete, meine Mutter möchte sich an den Minister wenden und mir mein Vorhaben erschweren. Nun aber ist's geschehen, mein Abschied ist da. Ich mag euch nicht sagen, wie ungern man mir ihn gegeben hat und was mir der Minister schreibt, ihr würdet in neue Lamentationen ausbrechen. Der Erbprinz hat mir zum Abschiede fünfundzwanzig Dukaten geschickt, mit einem Wort, das mich bis zu Tränen gerührt hat. Also braucht die Mutter mir das Geld nicht zu schicken, um das ich neulich schrieb.

Am 5. Mai

vgl. 20.297

Morgen geh ich von hier ab, und weil mein Geburtsort nur sechs Meilen vom Wege liegt, so will ich den auch wiedersehen, will mich der alten, glücklich verträumten Tage erinnern. Zu ebendem Tore will ich hineingehn, aus dem meine Mutter mit mir herausfuhr, als sie nach dem Tode meines Vaters den lieben, vertraulichen Ort verließ, um sich in ihre unerträgliche Stadt einzusperren. Adieu, Wilhelm, du sollst von meinem Zuge hören.

Reise

Am 9. Mai

Ich habe die Wallfahrt nach meiner Heimat mit aller Andacht eines Pilgrims vollendet, und manche unerwartete Gefühle haben mich ergriffen. An der großen Linde, die eine Viertelstunde vor der Stadt nach S… zu steht, ließ ich halten, stieg aus und hieß den Postillon fortfahren, um zu Fuße jede Erinnerung ganz neu, lebhaft nach meinem Herzen zu kosten. Da stand ich nun unter der Linde, die ehedessen als Knabe das Ziel und die Grenze meiner Spaziergänge gewesen. Wie anders! Damals sehnt ich mich in glücklicher Unwissenheit hinaus in die unbekannte Welt, wo ich für mein Herz alle die Nahrung, alle den Genuß hoffte, dessen Ermangeln ich so oft in meinem Busen fühlte. Jetzt kam ich zurück aus der weiten Welt – O mein Freund, mit wieviel fehlgeschlagenen Hoffnungen, mit wieviel zerstörten Planen! – Ich sah das Gebürge vor mir liegen, das so tausendmal der Gegenstand meiner Wünsche gewesen. Stundenlang konnte ich hier sitzen und mich hinübersehnen, mit inniger Seele mich in denen Wäldern, denen Tälern verlieren, die sich meinen Augen so freundlich dämmernd darstellten – und wenn ich denn um die bestimmte Zeit wieder zurückmußte, mit welchem Widerwillen verließ ich nicht den lieben Platz! Ich kam der Stadt näher, alle alte bekannte Gartenhäuschen wurden von mir gegrüßt, die neuen waren mir zuwider, so auch alle Veränderungen, die man sonst vorgenommen hatte. Ich trat zum Tore hinein und fand mich doch gleich und ganz wieder. Lieber, ich mag nicht ins Detail gehn, so reizend, als es mir war, so einförmig würde es in der Erzählung werden. Ich hatte beschlossen, auf dem

Pilgers

Fahrer der Postkutsche

vgl. „Herz“, Seite 137 f.

Markte zu wohnen, gleich neben unserm alten Hause. Im Hingehen bemerkte ich, daß die Schulstube, wo ein ehrlich altes Weib unsere Kindheit zusammengepfercht hatte, in einen Kram verwandelt war. Ich erinnerte mich der Unruhe, der Tränen, der Dumpfheit des Sinnes, der Herzensangst, die ich in dem Loche ausgestanden hatte – Ich tat keinen Schritt, der nicht merkwürdig war. Ein Pilger im heiligen Lande trifft nicht so viel Stätten religioser Erinnerung, und seine Seele ist schwerlich so voll heiliger Bewegung. – Noch eins für tausend. Ich ging den Fluß hinab, bis an einen gewissen Hof, das war sonst auch mein Weg, und die Plätzchen, da wir Knaben uns übten, die meisten Sprünge der flachen Steine im Wasser hervorzubringen. Ich erinnere mich so lebhaft, wenn ich manchmal stand und dem Wasser nachsah, mit wie wunderbaren Ahndungen ich das verfolgte, wie abenteuerlich ich mir die Gegenden vorstellte, wo es nun hinflösse, und wie ich da so bald Grenzen meiner Vorstellungskraft fand, und doch mußte das weitergehn, immer weiter, bis ich mich ganz in dem Anschauen einer unsichtbaren Ferne verlor. Siehe, mein Lieber, das ist doch ebendas Gefühl der herrlichen Altväter! Wenn Ulyß von dem ungemessenen Meere und von der unendlichen Erde spricht, ist das nicht wahrer, menschlicher, inniger, als wenn jetzo jeder Schulknabe sich wunder weise dünkt, wenn er nachsagen kann, daß sie rund sei.

vgl. 23.396

Kramladen, kleinen Laden

vgl. 13.91

vgl. „Kindheit", Seite 142

im Sinne von: Noch eine Beobachtung stellvertretend für tausend andere, die ich gemacht habe.

vgl. 19.258

vgl. Seite 141

vgl. ODYSSEE, 10. Gesang, Vers 195 und 15. Gesang, Vers 79

vgl. 19.269

Nun bin ich hier auf dem fürstlichen Jagdschlosse. Es läßt sich noch ganz wohl mit dem Herrn leben, er ist ganz wahr und einfach. Was mir noch manchmal leid tut, ist, daß er oft über Sachen redt, die er nur gehört und gelesen hat, und zwar aus ebendem Gesichtspunkte, wie sie ihm der andere darstellen mochte.

Auch schätzt er meinen Verstand und Talente mehr als dies Herz, das doch mein einziger Stolz ist, das ganz allein die Quelle von allem ist, aller Kraft, aller Seligkeit und alles Elends. Ach was ich weiß, kann jeder wissen. – Mein Herz hab ich allein.

vgl. „Herz", Seite 137 f.

Am 25. Mai

Ich hatte etwas im Kopfe, davon ich euch nichts sagen wollte, bis es ausgeführt wäre, jetzt, da nichts draus wird, ist's ebenso gut. Ich wollte in Krieg! Das hat mir lang am Herzen gelegen. Vornehmlich darum bin ich dem Fürsten hieher gefolgt, der General in ***schen Diensten ist. Auf einem Spaziergange entdeckte ich ihm mein Vorhaben, er widerriet mir's, und es müßte bei mir mehr Leidenschaft als Grille gewesen sein, wenn ich seinen Gründen nicht hätte Gehör geben wollen.

riet mir ab

vgl. 48.1225

Am 11. Juni

Sag, was du willst, ich kann nicht länger bleiben. Was soll ich hier? Die Zeit wird mir lang. Der Fürst hält mich wie seinesgleichen gut, und doch bin ich nicht in meiner Lage. Und dann, wir haben im Grunde nichts Gemeines miteinander. Er ist ein Mann von Verstande, aber von ganz gemeinem Verstande, sein Umgang unterhält mich nicht mehr, als wenn ich ein wohlgeschrieben Buch lese. Noch acht Tage bleib ich, und dann zieh ich wieder in der Irre herum. Das Beste, was ich hier getan habe, ist mein Zeichnen. Und der Fürst fühlt in der Kunst und würde noch stärker fühlen, wenn er nicht durch das garstige wissenschaftliche Wesen und durch die gewöhnliche Terminologie eingeschränkt wäre. Manchmal knirsch ich mit den Zähnen, wenn ich ihn mit warmer Imagination so an Natur und Kunst herumführe und er's auf einmal recht gut zu machen denkt, wenn er mit einem gestempelten Kunstworte dreintölpelt.

am rechten Platz

Gemeinsames

vgl. 57.1522

vgl. 24.445

Fachsprache

Fantasie, Einbildungskraft

Am 18. Juni

Wo ich hin will? Das laß dir im Vertrauen eröffnen. Vierzehn Tage muß ich doch noch hier bleiben, und dann hab ich mir weisgemacht, daß ich die Bergwerke im ***schen besuchen wollte, ist aber im Grunde nichts dran, ich will nur Lotten wieder näher, das ist alles. Und ich lache über mein eigen Herz – und tu ihm seinen Willen.

Am 29. Juli

Nein, es ist gu! Es ist alles gut! Ich ihr Mann! O Gott, der du mich machtest, wenn du mir diese Seligkeit bereitet hättest, mein ganzes Leben sollte ein anhaltendes Gebet sein. Ich will nicht rechten, und verzeih mir diese Tränen, verzeih mir meine vergebliche Wünsche. – Sie meine Frau! Wenn ich das liebste Geschöpf unter der Sonne in meine Arme geschlossen hätte – Es geht mir ein Schauder durch den ganzen Körper, Wilhelm, wenn Albert sie um den schlanken Leib faßt.

rechten: hier: mit dem Schicksal, bzw. gegen göttlichen Willen auflehnen, streiten

Schauder: inneres Erbeben

Und, darf ich's sagen? Warum nicht, Wilhelm, sie wäre mit mir glücklicher geworden als mit ihm! O er ist nicht der Mensch, die Wünsche dieses Herzens alle zu füllen. Ein gewisser Mangel an Fühlbarkeit, ein Mangel – nimm's, wie du willst, daß sein Herz nicht sympathetisch schlägt bei – oh! – bei der Stelle eines lieben Buchs, wo mein Herz und Lottens in einem zusammentreffen. In hundert andern Vorfällen, wenn's kommt, daß unsere Empfindungen über eine Handlung eines dritten laut werden. Lieber Wilhelm! – Zwar er liebt sie von ganzer Seele, und so eine Liebe, was verdient die nicht –

Fühlbarkeit: vgl. 32.706

sympathetisch: vgl. 69.1895 f.

bei der Stelle eines lieben Buchs …: vgl. „Literatur", Seite 141 f., und Kommentar zu Material 8, Seite 168

Ein unerträglicher Mensch hat mich unterbrochen. Meine Tränen sind getrocknet. Ich bin zerstreut. Adieu, Lieber.

Am 4. Aug.

Es geht mir nicht allein so. Alle Menschen werden in ihren Hoffnungen getäuscht, in ihren Erwartungen betrogen. Ich besuchte mein gutes Weib unter der Linde. Der älteste Bub lief mir entgegen, sein Freudengeschrei führte die Mutter herbei, die sehr niedergeschlagen aussah. Ihr erstes Wort war: „Guter Herr! ach, mein Hans ist mir gestorben“ – es war der jüngste ihrer Knaben, ich war stille – „und mein Mann“, sagte sie, „ist aus der Schweiz zurück und hat nichts mitgebracht, und ohne gute Leute hätte er sich herausbetteln müssen. Er hatte das Fieber kriegt unterwegs.“ Ich konnte ihr nichts sagen und schenkte dem Kleinen was, sie bat mich, einige Äpfel anzunehmen, das ich tat und den Ort des traurigen Andenkens verließ.

vgl. 23.396

Am 21. Aug.

Wie man eine Hand umwendet, ist's anders mit mir. Manchmal will so ein freudiger Blick des Lebens wieder aufdämmern, ach nur für einen Augenblick! Wenn ich mich so in Träumen verliere, kann ich mich des Gedankens nicht erwehren: Wie, wenn Albert stürbe! Du würdest! ja sie würde – und dann lauf ich dem Hirngespinste nach, bis es mich an Abgründe führt, vor denen ich zurückbebe.

Wenn ich so dem Tore hinausgehe, den Weg, den ich zum erstenmal fuhr, Lotten zum Tanze zu holen, wie war das all so anders! Alles, alles ist vorübergegangen! Kein Wink der vorigen Welt, kein Pulsschlag meines damaligen Gefühls. Mir ist's, wie's einem Geiste sein müßte, der in das versengte, verstörte Schloß zurückkehrte, das er als blühender Fürst einst gebaut und, mit allen Gaben der Herrlichkeit ausgestattet, sterbend seinem geliebten Sohne hoffnungsvoll hinterlassen.

keine Andeutung

Am 3. September

Ich begreife manchmal nicht, wie sie ein anderer liebhaben kann, liebhaben darf, da ich sie so ganz allein, so innig, so voll liebe, nichts anders kenne noch weiß noch habe als sie.

Am 6. September

Seite 148 f.

unansehnlich, abgetragen

Es hat schwer gehalten, bis ich mich entschloß, meinen blauen einfachen Frack, in dem ich mit Lotten zum erstenmal tanzte, abzulegen, er ward aber zuletzt gar unscheinbar. Auch hab ich mir einen machen lassen, ganz wie den vorigen, Kragen und Aufschlag und auch wieder so gelbe West und Hosen dazu.

Ganz will's es doch nicht tun. Ich weiß nicht – Ich denke, mit der Zeit soll mir der auch lieber werden.

Am 15. Sept.

vgl. „Natur", Seite 138 f.

vgl. 20.297

vgl. 18.228

vor Trauer zugrunde gehen

Seite 137

Man möchte sich dem Teufel ergeben, Wilhelm, über all die Hunde, die Gott auf Erden duldet, ohne Sinn und Gefühl an dem wenigen, was drauf noch was wert ist. Du kennst die Nußbäume, unter denen ich bei dem ehrlichen Pfarrer zu St… mit Lotten gesessen, die herrlichen Nußbäume, die mich, Gott weiß, immer mit dem größten Seelenvergnügen füllten. Wie vertraulich sie den Pfarrhof machten, wie kühl, und wie herrlich die Äste waren. Und die Erinnerung bis zu den guten Kerls von Pfarrers, die sie vor soviel Jahren pflanzten. Der Schulmeister hat uns den einen Namen oft genannt, den er von seinem Großvater gehört hatte, und so ein braver Mann soll er gewesen sein, und sein Andenken war mir immer heilig unter den Bäumen. Ich sage dir, dem Schulmeister standen die Tränen in den Augen, da wir gestern davon redeten, daß sie abgehauen worden – Abgehauen! Ich möchte rasend werden, ich könnte den Hund ermorden, der den ersten Hieb dran tat. Ich, der ich könnte mich vertrauren, wenn so ein paar Bäume in meinem Hofe stünden und einer davon stürbe vor Alter ab, ich muß so zusehn. Lieber Schatz, eins ist doch dabei! Was Menschengefühl ist! Das ganze Dorf murrt, und ich hoffe, die Frau Pfarrern soll's an Butter und Eiern und übrigem Zutrauen spüren, was für eine Wunde sie ihrem Orte gegeben hat. Denn sie ist's, die Frau des neuen Pfarrers (unser alter ist auch gestorben), ein hageres, kränkliches Tier, das sehr Ursache hat, an der Welt keinen Anteil zu nehmen, denn niemand nimmt Anteil an ihr. Eine Fratze, die sich abgibt, gelehrt zu sein, sich in die Untersuchung des Kanons meliert, gar viel an der neumodischen, moralisch-kritischen Reformation des Christentums arbeitet und über Lavaters Schwärmereien die Achseln zuckt, eine ganz zerrüttete Gesundheit hat und auf Gottes Erdboden deswegen keine Freude. So ein Ding war's auch allein, um meine Nußbäume abzuhauen. Siehst du, ich komme nicht zu mir! Stelle dir vor, die abfallenden Blätter machen ihr den Hof unrein und dumpfig, die Bäume nehmen ihr das Tageslicht, und wenn die Nüsse reif sind, so werfen die Knaben mit Steinen darnach, und das fällt ihr auf die Nerven, und das stört sie in ihren tiefen Überlegungen, wenn sie Kennikot, Semler und Michaelis gegeneinander abwiegt. Da ich die Leute im Dorfe, besonders die Alten, so unzufrieden sah, sagt ich: „Warum habt ihr's gelitten?" – „Wenn der Schulz will, hierzulande", sagten sie, „was kann man machen." Aber eins ist recht geschehn, der Schulz und der Pfarrer, der doch auch von seiner Frauen Grillen, die ihm so die Suppen nicht fett machen, etwas haben wollte, dachten's miteinander zu teilen, da erfuhr's die Kammer und sagte: „Hier herein!" und verkaufte die Bäume an den Meistbietenden. Sie liegen! O wenn ich Fürst wäre! Ich wollt die Pfarrern, den Schulzen und die Kammer – Fürst! – Ja wenn ich Fürst wäre, was kümmerten mich die Bäume in meinem Lande.

Die Gemeinde belieferte ihre Pfarrer als Gegenleistung für ihre Pfarrdienste mit Naturalien.

vgl. 40.961

Seite 149

sich einmischt

Seite 149

Seite 149

geduldet

Bürgermeister

vgl. 48.1225

Profit einbringen

landesfürstliche Rechnungsbehörde

Am 10. Oktober

Wenn ich nur ihre schwarzen Augen sehe, ist mir's schon wohl! Sieh, und was mich verdrüßt, ist, daß Albert nicht so beglückt zu sein scheinet, als er – hoffte – als ich – zu sein glaubte – wenn – Ich mache nicht gern Gedankenstriche, aber hier kann ich mich nicht anders ausdrucken – und mich dünkt, deutlich genug.

vgl. 19.269

Am 12. Oktober

Ossian hat in meinem Herzen den Homer verdrängt. Welch eine Welt, in die der Herrliche mich führt. Zu wandern über die Heide, umsaust vom Sturmwinde, der in dampfenden Nebeln die Geister der Väter im dämmernden Lichte des Mondes hinführt. Zu hören vom Gebürge her, im Gebrülle des Waldstroms, halb verwehtes Ächzen der Geister aus ihren Höhlen und die Wehklagen des zu Tode gejammerten Mädchens um die vier moosbedeckten, grasbewachsenen Steine des Edelgefallnen, ihres Geliebten. Wenn ich ihn denn finde, den wandelnden grauen Barden, der auf der weiten Heide die Fußtapfen seiner Väter sucht und ach! ihre Grabsteine findet. Und dann jammernd nach dem lieben Sterne des Abends hinblickt, der sich ins rollende Meer verbirgt, und die Zeiten der Vergangenheit in des Helden Seele lebendig werden, da noch der freundliche Strahl den Gefahren der Tapfern leuchtete und der Mond ihr bekränztes, siegrückkehrendes Schiff beschien. Wenn ich so den tiefen Kummer auf seiner Stirne lese, so den letzten verlaßnen Herrlichen in aller Ermattung dem Grabe zuwanken sehe, wie er immer neue, schmerzlich glühende Freuden in der kraftlosen Gegenwart der Schatten seiner Abgeschiedenen einsaugt und nach der kalten Erde, dem hohen, wehenden Grase niedersieht und ausruft: „Der Wanderer wird kommen, kommen, der mich kannte in meiner Schön-

vgl. „Literatur", Seite 141 f.

gemeint ist Ossian

abgewandeltes Zitat aus Ossians Lied „Berrathon"

heit, und fragen: ‚Wo ist der Sänger, Fingals trefflicher Sohn?‘ Sein Fußtritt geht über mein Grab hin, und er fragt vergebens nach mir auf der Erde.“ O Freund! ich möchte gleich einem edlen Waffenträger das Schwert ziehen und meinen Fürsten von der zückenden Qual des langsam absterbenden Lebens auf einmal befreien und dem befreiten Halbgott meine Seele nachsenden.

Vater des Sängers Ossian und Held der Gesänge, vgl. Seite 145 (46.1147)

Am 19. Oktober

Ach diese Lücke! Diese entsetzliche Lücke, die ich hier in meinem Busen fühle! Ich denke oft: wenn du sie nur einmal, nur einmal an dieses Herz drücken könntest! All diese Lücke würde ausgefüllt sein.

vgl. „Herz“, Seite 137 f.

Am 26. Oktober

Ja, es wird mir gewiß, Lieber! gewiß und immer gewisser, daß an dem Dasein eines Geschöpfs so wenig gelegen ist, ganz wenig. Es kam eine Freundin zu Lotten, und ich ging herein ins Nebenzimmer, ein Buch zu nehmen, und konnte nicht lesen, und dann nahm ich eine Feder, zu schreiben. Ich hörte sie leise reden, sie erzählten einander insofern unbedeutende Sachen, Stadtneuigkeiten: wie diese heiratet, wie jene krank, sehr krank ist. „Sie hat einen trocknen Husten, die Knochen stehn ihr zum Gesichte heraus, und kriegt Ohnmachten, ich gebe keinen Kreuzer für ihr Leben“, sagte die eine. „Der N.N. ist auch so übel dran“, sagte Lotte. „Er ist schon geschwollen“, sagte die andre. Und meine lebhafte Einbildungskraft versetzte mich ans Bette dieser Armen, ich sah sie, mit welchem Widerwillen sie dem Leben den Rücken wandten, wie sie – Wilhelm, und meine Weibchens redeten davon, wie man eben davon redt, daß ein Fremder stirbt. – Und wenn ich mich umsehe und seh das Zimmer an und rings um mich Lottens Kleider, hier ihre Ohrringe auf dem Tischchen und Alberts Skrip-

vgl. 23.404

vgl. 12.35

Seite 138

Schriftstücke

turen und diese Möbels, denen ich nun so befreundet bin, sogar diesem Dintefaß, und denke: Sieh, was du nun diesem Hause bist! Alles in allem. Deine Freunde ehren dich! Du machst oft ihr Freude, und deinem Herzen scheint's, als wenn es ohne sie nicht sein könnte, und doch – wenn du nun gingst? wenn du aus diesem Kreise schiedest, würden sie? wie lange würden sie die Lücke fühlen, die dein Verlust in ihr Schicksal reißt? wie lang? – O so vergänglich ist der Mensch, daß er auch da, wo er seines Daseins eigentliche Gewißheit hat, da, wo er den einzigen wahren Eindruck seiner Gegenwart macht, in dem Andenken, in der Seele seiner Lieben, daß er auch da verlöschen, verschwinden muß, und das – so bald!

Tintenfass

Am 27. Oktober

Ich möchte mir oft die Brust zerreißen und das Gehirn einstoßen, daß man einander so wenig sein kann. Ach die Liebe und Freude und Wärme und Wonne, die ich nicht hinzubringe, wird mir der andre nicht geben, und mit einem ganzen Herzen voll Seligkeit werd ich den andern nicht beglücken, der kalt und kraftlos vor mir steht.

vgl. 14.97

Am 30. Oktober

Wenn ich nicht schon hundertmal auf dem Punkte gestanden bin, ihr um den Hals zu fallen. Weiß der große Gott, wie einem das tut, soviel Liebenswürdigkeit vor sich herumkreuzen zu sehn und nicht zugreifen zu dürfen. Und das Zugreifen ist doch der natürlichste Trieb der Menschheit. Greifen die Kinder nicht nach allem, was ihnen in Sinn fällt? Und ich?

Am 3. November

Weiß Gott, ich lege mich so oft zu Bette mit dem Wunsche, ja manchmal mit der Hoffnung, nicht wieder zu erwachen, und morgens schlag ich die Augen auf, sehe die Sonne wieder und bin elend. O daß ich launisch sein könnte, könnte die Schuld aufs Wetter, auf einen Dritten, auf eine fehlgeschlagene Unternehmung schieben; so würde die unerträgliche Last des Unwillens doch nur halb auf mir ruhen. Weh mir, ich fühle zu wahr, daß an mir allein alle Schuld liegt, – nicht Schuld! Genug, daß in mir die Quelle alles Elendes verborgen ist, wie es ehemals die Quelle aller Seligkeiten war. Bin ich nicht noch ebenderselbe, der ehemals in aller Fülle der Empfindung herumschwebte, dem auf jedem Tritte ein Paradies folgte, der ein Herz hatte, eine ganze Welt liebevoll zu umfassen. Und das Herz ist jetzo tot, aus ihm fließen keine Entzückungen mehr, meine Augen sind trocken, und meine Sinnen, die nicht mehr von erquickenden Tränen gelabt werden, ziehen ängstlich meine Stirne zusammen. Ich leide viel, denn ich habe verloren, was meines Lebens einzige Wonne war, die heilige, belebende Kraft, mit der ich Welten um mich schuf. Sie ist dahin! – Wenn ich zu meinem Fenster hinaus an den fernen Hügel sehe, wie die Morgensonne über ihn her den Nebel durchbricht und den stillen Wiesengrund bescheint und der sanfte Fluß zwischen seinen entblätterten Weiden zu mir herschlängelt, o wenn da diese herrliche Natur so starr vor mir steht wie ein lackiert Bildchen und all die Wonne keinen Tropfen Seligkeit aus meinem Herzen herauf in das Gehirn pumpen kann und der ganze Kerl vor Gottes Angesicht steht wie ein versiegter Brunn', wie ein verlechter Eimer! Ich habe mich so oft auf den Boden geworfen und Gott um Tränen gebeten, wie ein Ackersmann um Regen, wenn der Himmel ehern über ihm ist und um ihn die Erde verdürstet.

Seite 137 f.

vgl. 14.97

vgl. 14.97

verlechter: durch Austrocknung undichter, rissiger

ehern: aus Erz; übertragen: erstarrt

Aber, ach ich fühl's! Gott gibt Regen und Sonnenschein nicht unserm ungestümen Bitten, und jene Zeiten, deren Andenken mich quält, warum waren sie so selig? als weil

vgl. 14.97

ich mit Geduld seinen Geist erwartet und die Wonne, die er über mich ausgoß, mit ganzem, innig dankbarem Herzen aufnahm.

Am 8. Nov.

Ausschweifungen

(franz.) Flasche

Sie hat mir meine Exzesse vorgeworfen! Ach, mit so viel Liebenswürdigkeit! Meine Exzesse, daß ich mich manchmal von einem Glas Wein verleiten lasse, eine Bouteille zu trinken. „Tun Sie's nicht!" sagte sie, „denken Sie an Lotten!" – „Denken!" sagt ich, „brauchen Sie mir das zu heißen? Ich denke! – Ich denke nicht! Sie sind immer vor meiner Seelen. Heut saß ich an dem Flecke, wo Sie neulich aus der Kutsche stiegen –" Sie redte was anders, um mich nicht tiefer in den Text kommen zu lassen. Bester, ich bin dahin! Sie kann mit mir machen, was sie will.

Am 15. Nov.

Lebensmüdigkeit

zu der Vielzahl von Bibelanspielungen im Brief vgl. „Religion", Seite 149

Seite 149 f.

Ich danke dir, Wilhelm, für deinen herzlichen Anteil, für deinen wohlmeinenden Rat und bitte dich, ruhig zu sein. Laß mich ausdulden, ich habe bei all meiner Müdseligkeit noch Kraft genug durchzusetzen. Ich ehre die Religion, das weißt du, ich fühle, daß sie manchem Ermatteten Stab, manchem Verschmachtenden Erquickung ist. Nur – kann sie denn, muß sie denn das einem jeden sein? Wenn du die große Welt ansiehst, so siehst du Tausende, denen sie's nicht war, Tausende, denen sie's nicht sein wird, gepredigt oder ungepredigt, und muß sie mir's denn sein? Sagt nicht selbst der Sohn Gottes, daß die um ihn sein würden, die ihm der Vater gegeben hat. Wenn ich ihm nun nicht gegeben bin! Wenn mich nun der Vater für sich behalten will, wie mir mein Herz sagt! Ich bitte dich, lege das nicht falsch aus, sieh nicht etwa Spott in diesen unschuldigen Worten, es ist meine ganze Seele, die ich dir vorlege. Sonst wollt ich lieber, ich hätte geschwiegen, wie ich denn über all das, wovon jedermann so wenig weiß als ich, nicht gern ein Wort verliere. Was ist's anders als Menschenschicksal, sein Maß auszuleiden, seinen Becher auszutrinken! – Und ward der Kelch dem Gott vom Himmel auf seiner Menschenlippe zu bitter, warum soll ich großtun und mich stellen, als schmeckte er mir süße. Und warum sollte ich mich schämen in dem schröcklichen Augenblicke, da mein ganzes Wesen zwischen Sein und Nichtsein zittert, da die Vergangenheit wie ein Blitz über dem finstern Abgrunde der Zukunft leuchtet und alles um mich her versinkt und mit mir die Welt untergeht. – Ist es da nicht die Stimme der ganz in sich gedrängten, sich selbst ermangelnden und unaufhaltsam hinabstürzenden Kreatur, in den innern Tiefen ihrer vergebens aufarbeitenden Kräfte zu knirschen: Mein Gott! Mein Gott! warum hast du mich verlassen? Und sollt ich mich des Ausdrucks schämen, sollte mir's vor dem Augenblicke bange sein, da ihm der nicht entging, der die Himmel zusammenrollt wie ein Tuch.

[Seite 150]

[vgl. Shakespeare, Hamlet, III, 2: „To be, or not to be …"]

[Seite 150]

[Seite 150]

Am 21. Nov.

Sie sieht nicht, sie fühlt nicht, daß sie einen Gift bereitet, der mich und sie zugrunde richten wird. Und ich mit voller Wollust schlurfe den Becher aus, den sie mir zu meinem Verderben reicht. Was soll der gütige Blick, mit dem sie mich oft – oft? – nein, nicht oft, aber doch manchmal ansieht, die Gefälligkeit, womit sie einen unwillkürlichen Ausdruck meines Gefühls aufnimmt, das Mitleiden mit meiner Duldung, das sich auf ihrer Stirne zeichnet.

[meinem Leiden]

Gestern, als ich wegging, reichte sie mir die Hand und sagte: „Adieu, lieber Werther!" Lieber Werther! Es war das erstemal, daß sie mich Lieber hieß, und mir ging's durch Mark und Bein. Ich hab mir's hundertmal wiederholt, und gestern nacht, da ich ins Bette gehen wollte und mit mir selbst allerlei schwatzte, sag ich so auf einmal: „Gute Nacht, lieber Werther!“ Und mußte hernach selbst über mich lachen.

Am 24. Nov.

Sie fühlt, was ich dulde. Heut ist mir ihr Blick tief durchs Herz gedrungen. Ich fand sie allein. Ich sagte nichts, und sie sah mich an. Und ich sah nicht mehr in ihr die liebliche Schönheit, nicht mehr das Leuchten des trefflichen Geistes; das war all vor meinen Augen verschwunden. Ein weit herrlicherer Blick würkte auf mich, voll Ausdruck des innigsten Anteils, des süß'ten Mitleidens. Warum durft ich mich nicht ihr zu Füßen werfen! warum durft ich nicht an ihrem Halse mit tausend Küssen antworten! – Sie nahm ihre Zuflucht zum Klaviere und hauchte mit süßer, leiser Stimme harmonische Laute zu ihrem Spiele. Nie hab ich ihre Lippen so reizend gesehn, es war, als wenn sie sich lechzend öffneten, jene süße Töne in sich zu schlürfen, die aus dem Instrumente hervorquollen, und nur der heimliche Widerschall aus dem süßen Munde zurückklänge – Ja, wenn ich dir das so sagen könnte! Ich widerstund nicht länger, neigte mich und schwur: Nie will ich's wagen, einen Kuß euch einzudrücken, Lippen, auf denen die Geister des Himmels schweben – Und doch – ich will – Ha! siehst du, das steht wie eine Scheidewand vor meiner Seelen – diese Seligkeit – und dann untergegangen, die Sünde abzubüßen – Sünde?

vgl. 36.825

Echo

Am 30. Nov.

Ich soll, ich soll nicht zu mir selbst kommen, wo ich hintrete, begegnet mir eine Erscheinung, die mich aus aller Fassung bringt. Heut! O Schicksal! O Menschheit!

Ich gehe an dem Wasser hin in der Mittagsstunde, ich hatte keine Lust zu essen. Alles war so öde, ein naßkalter Abendwind blies vom Berge, und die grauen Regenwolken zogen das Tal hinein. Von ferne seh ich einen Menschen in einem grünen, schlechten Rock, der zwischen den Felsen herumkrabbelte und Kräuter zu suchen schien. Als ich näher zu ihm kam und er sich auf das Geräusch, das ich machte, herumdrehte, sah ich eine gar interessante Physiognomie, darin eine stille Trauer den Hauptzug machte, die aber sonst nichts als einen graden, guten Sinn ausdrückte, seine schwarzen Haare waren mit Nadeln in zwei Rollen gesteckt und die übrigen in einen starken Zopf geflochten, der ihm den Rücken herunterhing. Da mir seine Kleidung einen Menschen von geringem Stande zu bezeichnen schien, glaubt ich, er würde es nicht übel nehmen, wenn ich auf seine Beschäftigung aufmerksam wäre, und daher fragte ich ihn, was er suchte. „Ich suche“, antwortete er mit einem tiefen Seufzer, „Blumen – und finde keine.“ – „Das ist auch die Jahrszeit nicht“, sagt ich lächelnd. „Es gibt so viel Blumen“, sagt’ er, indem er zu mir herunterkam. „In meinem Garten sind Rosen und Jelängerjelieber zweierlei Sorten, eine hat mir mein Vater gegeben, sie wachsen wie’s Unkraut, ich suche schon zwei Tage darnach und kann sie nicht finden. Da haußen sind auch immer Blumen, gelbe und blaue und rote, und das Tausendgüldenkraut hat ein schön Blümchen. Keines kann ich finden.“ Ich merkte was Unheimliches, und drum fragte ich durch einen Umweg: „Was will Er denn mit den Blumen?“ Ein wunderbares, zuckendes Lächeln verzog sein Gesicht. „Wenn Er mich nicht verraten will“, sagt’ er, indem er den Finger auf den Mund drückte, „ich habe meinem Schatze einen Strauß versprochen.“ – „Das ist brav“, sagt ich. „Oh“, sagt’ er, „sie hat viel andre Sachen, sie ist reich.“ – „Und doch hat sie Seinen Strauß lieb“,

vgl. 77.2173

volkstümlich für verschiedene lang blühende Pflanzen, vor allem das Geißblatt

draußen

vgl. 18.228

versetzt ich. „Oh!“ fuhr er fort, „sie hat Juwelen und eine Krone.“ – „Wie heißt sie denn?“ – „Wenn mich die Generalstaaten bezahlen wollten!“ versetzte er, „ich wär ein anderer Mensch! Ja, es war einmal eine Zeit, da mir’s so wohl war. Jetzt ist’s aus mit mir, ich bin nun – “ Ein nasser Blick zum Himmel drückte alles aus. „Er war also glücklich?“ fragt ich. „Ach ich wollt, ich wäre wieder so!“ sagt’ er, „da war mir’s so wohl, so lustig, so leicht wie ein Fisch im Wasser!“ – „Heinrich!“ rufte eine alte Frau, die den Weg herkam. „Heinrich, wo stickst du. Wir haben dich überall gesucht. Komm zum Essen.“ – „Ist das Euer Sohn?“ fragt ich, zu ihr tretend. „Wohl, mein armer Sohn“, versetzte sie. „Gott hat mir ein schweres Kreuz aufgelegt.“ – „Wie lang ist er so?“ fragt ich. „So stille“, sagte sie, „ist er nun ein halb Jahr. Gott sei Dank, daß es nur so weit ist. Vorher war er ein ganz Jahr rasend, da hat er an Ketten im Tollhause gelegen. Jetzt tut er niemand nichts, nur hat er immer mit Königen und Kaisern zu tun. Es war ein so guter, stiller Mensch, der mich ernähren half, seine schöne Hand schrieb, und auf einmal wird er tiefsinnig, fällt in ein hitzig Fieber, daraus in Raserei, und nun ist er, wie Sie ihn sehen. Wenn ich Ihm erzählen sollt, Herr –“ Ich unterbrach ihren Strom von Erzählungen mit der Frage, was denn das für eine Zeit wäre, von der er so rühmte, daß er so glücklich, so wohl darin gewesen wäre. „Der törige Mensch“, rief sie mit mitleidigem Lächeln, „da meint er die Zeit, da er von sich war, das rühmt er immer! Das ist die Zeit, da er im Tollhause war, wo er nichts von sich wußte –“ Das fiel mir auf wie ein Donnerschlag, ich drückte ihr ein Stück Geld in die Hand und verließ sie eilend.

„Da du glücklich warst!“ rief ich aus, schnell vor mich hin nach der Stadt zu gehend. „Da dir’s wohl war wie einem

Generalstaaten: die Vereinigten Niederlande, die wegen ihrer Kolonien als reich galten

Tollhause: Irrenhaus

Hand: Handschrift

Fisch im Wasser! – Gott im Himmel! Hast du das zum Schicksal der Menschen gemacht, daß sie nicht glücklich sind, als eh sie zu ihrem Verstande kommen und wenn sie ihn wieder verlieren! Elender! und auch wie beneid ich deinen Trübsinn, die Verwirrung deiner Sinne, in der du verschmachtest! Du gehst hoffnungsvoll aus, deiner Königin Blumen zu pflücken – im Winter – und traurest, da du keine findest, und begreifst nicht, warum du keine finden kannst. Und ich – und ich gehe ohne Hoffnung, ohne Zweck heraus und kehr wieder heim, wie ich gekommen bin. – Du wähnst, welcher Mensch du sein würdest, wenn die Generalstaaten dich bezahlten. Seliges Geschöpf, das den Mangel seiner Glückseligkeit einer irdischen Hindernis zuschreiben kann. – Du fühlst nicht! Du fühlst nicht! daß in deinem zerstörten Herzen, in deinem zerrütteten Gehirne dein Elend liegt, wovon alle Könige der Erde dir nicht helfen können."

Müsse der trostlos umkommen, der eines Kranken spottet, der nach der entferntesten Quelle reist, die seine Krankheit vermehren, sein Ausleben schmerzhafter machen wird, der sich über das bedrängte Herz erhebt, das, um seine Gewissensbisse loszuwerden und die Leiden seiner Seele abzutun, seine Pilgrimschaft nach dem heiligen Grabe tut! Jeder Fußtritt, der seine Sohlen auf ungebahntem Wege durchschneidet, ist ein Lindrungstropfen der geängsteten Seele, und mit jeder ausgedauerten Tagreise legt sich das Herz um viel Bedrängnis leichter nieder. – Und dürft ihr das Wahn nennen – Ihr Wortkrämer auf euren Polstern – Wahn! – O Gott! du siehst meine Tränen – Mußtest du, der du den Menschen arm genug erschufst, ihm auch Brüder zugeben, die ihm das bißchen Armut, das bißchen Vertrauen noch raubten, das er auf dich hat, auf dich, du Alliebender! Denn das Vertrauen zu einer heilenden Wurzel, zu den Tränen des Weinstocks, was ist's als Vertrauen zu dir, daß du in alles, was uns umgibt, Heil- und Lindrungskraft gelegt hast, der wir so stündlich bedürfen. – Vater, den ich nicht kenne! Vater, der sonst meine ganze Seele füllte und nun sein Angesicht von mir gewendet hat! Rufe mich zu dir! Schweige nicht länger! Dein Schweigen wird diese durstende Seele nicht aufhalten – Und würde ein Mensch, ein Vater zürnen können, dem sein unvermutet rückkehrender Sohn um den Hals fiele und rief: „Ich bin wieder da, mein Vater. Zürne nicht, daß ich die Wanderschaft abbreche, die ich nach deinem Willen länger aushalten sollte. Die Welt ist überall einerlei, auf Müh und Arbeit, Lohn und Freude; aber was soll mir das? mir ist nur wohl, wo du bist, und vor deinem Angesichte will ich leiden und genießen." – Und du, lieber himmlischer Vater, solltest ihn von dir weisen?

vgl. Lk. 15,11–32: das Gleichnis vom verlorenen Sohn

Am 1. Dez.

Wilhelm! der Mensch, von dem ich dir schrieb, der glückliche Unglückliche, war Schreiber bei Lottens Vater, und eine unglückliche Leidenschaft zu ihr, die er nährte, verbarg, entdeckte, und aus dem Dienst geschickt wurde, hat ihn rasend gemacht. Fühle, Kerl, bei diesen trocknen Worten, mit welchem Unsinne mich die Geschichte ergriffen hat, da mir sie Albert ebenso gelassen erzählte, als du's vielleicht liesest.

Am 4. Dez.

Ich bitte dich – siehst du, mit mir ist's aus – Ich trag das all nicht länger. Heut saß ich bei ihr – saß, sie spielte auf ihrem Klavier, manchfaltige Melodien, und all den Ausdruck! all! all! – Was willst du? – Ihr Schwesterchen putzte ihre Puppe auf meinem Knie. Mir kamen die Tränen in die Augen. Ich neigte mich, und ihr Trauring fiel

soviel wie: ihr Trauring fiel mir auf

mir ins Gesicht – Meine Tränen flossen – Und auf einmal fiel sie in die alte, himmelsüße Melodie ein, so auf einmal, und mir durch die Seele gehn ein Trostgefühl und eine Erinnerung all des Vergangenen, all der Zeiten, da ich das Lied gehört, all der düstern Zwischenräume des Verdrusses, der fehlgeschlagenen Hoffnungen, und dann – Ich ging in der Stube auf und nieder, mein Herz erstickte unter all dem. „Um Gottes willen", sagt ich, mit einem heftigen Ausbruch hin gegen sie fahrend, „um Gottes willen, hören Sie auf." Sie hielt und sah mich starr an. „Werther", sagte sie mit einem Lächeln, das mir durch die Seele ging, „Werther, Sie sind sehr krank, Ihre Lieblingsgerichte widerstehen Ihnen. Gehen Sie! Ich bitte Sie, beruhigen Sie sich." Ich riß mich von ihr weg, und – Gott! du siehst mein Elend und wirst es enden.

sind Ihnen zuwider

Am 6. Dez.

Wie mich die Gestalt verfolgt. Wachend und träumend füllt sie meine ganze Seele. Hier, wenn ich die Augen schließe, hier in meiner Stirne, wo die innere Sehkraft sich vereinigt, stehen ihre schwarzen Augen. Hier! Ich kann dir's nicht ausdrücken. Mach ich meine Augen zu, so sind sie da, wie ein Meer, wie ein Abgrund ruhen sie vor mir, in mir, füllen die Sinnen meiner Stirne.

Was ist der Mensch? der gepriesene Halbgott! Ermangeln ihm nicht da eben die Kräfte, wo er sie am nötigsten braucht? Und wenn er in Freude sich aufschwingt oder im Leiden versinkt, wird er nicht in beiden eben da aufgehalten, eben da wieder zu dem stumpfen, kalten Bewußtsein zurückgebracht, da er sich in der Fülle des Unendlichen zu verlieren sehnte.

Am 8. Dez.

Lieber Wilhelm, ich bin in einem Zustande, in dem jene Unglücklichen müssen gewesen sein, von denen man glaubte, sie würden von einem bösen Geiste umhergetrieben. Manchmal ergreift mich's, es ist nicht Angst, nicht Begier! es ist ein inneres unbekanntes Toben, das meine Brust zu zerreißen droht, das mir die Gurgel zupreßt! Wehe! Wehe! Und dann schweif ich umher in den furchtbaren nächtlichen Szenen dieser menschenfeindlichen Jahrszeit.

Gestern nacht mußt ich hinaus. Ich hatte noch abends gehört, der Fluß sei übergetreten und die Bäche all und von Wahlheim herunter all mein liebes Tal überschwemmt. Nachts nach eilf rannt ich hinaus. Ein fürchterliches Schauspiel. Vom Fels herunter die wühlenden Fluten in dem Mondlichte wirbeln zu sehn, über Äcker und Wiesen und Hecken und alles, und das weite Tal hinauf und hinab eine stürmende See im Sausen des Windes. Und wenn denn der Mond wieder hervortrat und über der schwarzen Wolke ruhte und vor mir hinaus die Flut in fürchterlich herrlichen Widerschein rollte und klang, da überfiel mich ein Schauer und wieder ein Sehnen! Ach! Mit offnen Armen stand ich gegen den Abgrund und atmete hinab! hinab und verlor mich in der Wonne, all meine Qualen, all mein Leiden da hinabzustürmen, dahinzubrausen wie die Wellen. Oh! Und den Fuß vom Boden zu heben vermochtest du nicht und alle Qualen zu enden! – Meine Uhr ist noch nicht ausgelaufen – ich fühl's! O Wilhelm, wie gern hätt ich all mein Menschsein drum gegeben, mit jenem Sturmwinde die Wolken zu zerreißen, die Fluren zu fassen. Ha! Und wird nicht vielleicht dem Eingekerkerten einmal diese Wonne zuteil! – Und wie ich wehmütig hinabsah auf ein Plätzchen, wo ich mit Lotten unter einer Weide geruht auf einem heißen Spaziergange, das war auch überschwemmt, und kaum daß ich die Weide erkannte! Wilhelm. Und ihre

vgl. 14.97

abgelaufen

vgl. 14.97

Spaziergang bei großer Hitze

Wiesen, dacht ich, und all die Gegend um ihr Jagdhaus, wie jetzt vom reißenden Strome verstört unsere Lauben, dacht ich. Und der Vergangenheit Sonnenstrahl blickte herein – wie einem Gefangenen ein Traum von Herden, Wiesen und Ehrenämtern. Ich stand! – Ich schelte mich nicht, denn ich habe Mut zu sterben – Ich hätte – Nun sitz ich hier wie ein altes Weib, das ihr Holz an Zäunen stoppelt und ihr Brot an den Türen, um ihr hinsterbendes freudloses Dasein noch einen Augenblick zu verlängern und zu erleichtern.

vgl. 23.396

mühsam zusammensucht

Am 17. Dez.

Was ist das, mein Lieber? Ich erschrecke vor mir selbst! Ist nicht meine Liebe zu ihr die heiligste, reinste, brüderlichste Liebe? Hab ich jemals einen strafbaren Wunsch in meiner Seele gefühlt – ich will nicht beteuren – und nun – Träume! O wie wahr fühlten die Menschen, die so widersprechende Würkungen fremden Mächten zuschrieben. Diese Nacht! ich zittere, es zu sagen, hielt ich sie in meinen Armen, fest an meinen Busen gedrückt, und deckte ihren Liebe lispelnden Mund mit unendlichen Küssen. Mein Auge schwamm in der Trunkenheit des ihrigen. Gott! bin ich strafbar, daß ich auch jetzt noch eine Seligkeit fühle, mir diese glühende Freuden mit voller Innigkeit zurückzurufen, Lotte! Lotte! – Und mit mir ist's aus! Meine Sinnen verwirren sich. Schon acht Tage hab ich keine Besinnungskraft, meine Augen sind voll Tränen. Ich bin nirgends wohl und überall wohl. Ich wünsche nichts, verlange nichts. Mir wär's besser, ich ginge.

vgl. „Herz", Seite 137 f.

Der Herausgeber an den Leser

Die ausführliche Geschichte der letzten mekwürdigen Tage unsers Freundes zu liefern, seh ich mich genötiget, seine Briefe durch Erzählung zu unterbrechen, wozu ich den Stoff aus dem Munde Lottens, Albertens, seines Bedienten und anderer Zeugen gesammlet habe.

ordnete sich unter

vgl. 38.876

Laune

Werthers Leidenschaft hatte den Frieden zwischen Alberten und seiner Frau allmählich untergraben, dieser liebte sie mit der ruhigen Treue eines rechtschaffnen Manns, und der freundliche Umgang mit ihr subordinierte sich nach und nach seinen Geschäften. Zwar wollte er sich nicht den Unterschied gestehen, der die gegenwärtige Zeit den Bräutigamstagen so ungleich machte; doch fühlte er innerlich einen gewissen Widerwillen gegen Werthers Aufmerksamkeiten für Lotten, die ihm zugleich ein Eingriff in seine Rechte und ein stiller Vorwurf zu sein scheinen mußten. Dadurch ward der üble Humor vermehrt, den ihm seine überhäuften, gehinderten, schlecht belohnten Geschäfte manchmal gaben, und da denn Werthers Lage auch ihn zum traurigen Gesellschafter machte, indem die Beängstigung seines Herzens die übrige Kräfte seines Geistes, seine Lebhaftigkeit, seinen Scharfsinn aufgezehrt hatte; so konnte es nicht fehlen, daß Lotte zuletzt selbst mit angesteckt wurde und in eine Art von Schwermut verfiel, in der Albert eine wachsende Leidenschaft für ihren Liebhaber und Werther einen tiefen Verdruß über das veränderte Betragen ihres Mannes zu entdecken glaubte. Das Mißtrauen, womit die beiden Freunde einander ansahen, machte ihnen ihre wechselseitige Gegenwart höchst beschwerlich. Albert mied das Zimmer seiner Frau, wenn Werther bei ihr war, und dieser, der es merkte, ergriff nach einigen fruchtlosen Versuchen, ganz von ihr zu lassen, die Gelegenheit, sie in solchen Stunden zu sehen, da ihr Mann von seinen Geschäften gehalten wurde. Daraus entstund neue Unzufriedenheit, die Gemüter verhetzten sich immer mehr gegeneinander, bis zuletzt Albert seiner Frau mit ziemlich trocknen Worten sagte: sie möchte, wenigstens um der Leute willen, dem Umgange mit Werthern eine andere Wendung geben und seine allzuöfteren Besuche abschneiden.

Ohngefähr um diese Zeit hatte sich der Entschluß, diese Welt zu verlassen, in der Seele des armen Jungen näher bestimmt. Es war von jeher seine Lieblingsidee gewesen, mit der er sich, besonders seit der Rückkehr zu Lotten, immer getragen.

Doch sollte es keine übereilte, keine rasche Tat sein, er wollte mit der besten Überzeugung, mit der möglichsten ruhigen Entschlossenheit diesen Schritt tun.

Seine Zweifel, sein Streit mit sich selbst blicken aus einem Zettelchen hervor, das wahrscheinlich ein angefangener Brief an Wilhelmen ist und ohne Datum unter seinen Papieren gefunden worden.

„Ihre Gegenwart, ihr Schicksal, ihr Teilnehmen an dem meinigen preßt noch die letzten Tränen aus meinem versengten Gehirn.

Den Vorhang aufzuheben und dahinterzutreten, das ist's all! Und warum das Zaudern und Zagen? – Weil man nicht weiß, wie's dahinten aussieht? – und man nicht zurückkehrt? – Und daß das nun die Eigenschaft unseres Geistes ist, da Verwirrung und Finsternis zu ahnden, wovon wir nichts Bestimmtes wissen."

Den Verdruß, den er bei der Gesandtschaft gehabt, konnte er nicht vergessen. Er erwähnte dessen selten, doch wenn es auch auf die entfernteste Weise geschah, so konnte man fühlen, daß er seine Ehre dadurch unwiederbringlich gekränkt hielte und daß ihm dieser Vorfall eine Abneigung gegen alle Geschäfte und politische Wirksamkeit gegeben hatte. Daher überließ er sich ganz der wunderbaren Empfind- und Denkensart, die wir aus

diplomatische Betätigung; Berufstätigkeit

seinen Briefen kennen, und einer endlosen Leidenschaft, worüber noch endlich alles, was tätige Kraft an ihm war, verlöschen mußte. Das ewige Einerlei eines traurigen Umgangs mit dem liebenswürdigen und geliebten Geschöpfe, dessen Ruhe er störte, das stürmende Abarbeiten seiner Kräfte ohne Zweck und Aussicht drängten ihn endlich zu der schröcklichen Tat.

vgl. 19.267

„Am 20. Dez.

Ich danke deiner Liebe, Wilhelm, daß du das Wort so aufgefangen hast. Ja, du hast recht: Mir wäre besser, ich ginge. Der Vorschlag, den du zu einer Rückkehr zu euch tust, gefällt mir nicht ganz, wenigstens möcht ich noch gern einen Umweg machen, besonders da wir anhaltenden Frost und gute Wege zu hoffen haben. Auch ist mir's sehr lieb, daß du kommen willst, mich abzuholen, verzieh nur noch vierzehn Tage und erwarte noch einen Brief von mir mit dem Weitern. Es ist nötig, daß nichts gepflückt werde, eh es reif ist. Und vierzehn Tage auf oder ab tun viel. Meiner Mutter sollst du sagen: daß sie für ihren Sohn beten soll und daß ich sie um Vergebung bitte wegen all des Verdrusses, den ich ihr gemacht habe. Das war nun mein Schicksal, die zu betrüben, denen ich Freude schuldig war. Leb wohl, mein Teuerster. Allen Segen des Himmels über dich! Leb wohl!"

vgl. 26.497

Seite 137 (11.12)

An ebendem Tage, es war der Sonntag vor Weihnachten, kam er abends zu Lotten und fand sie allein. Sie beschäftigte sich, einige Spielwerke in Ordnung zu bringen, die sie ihren kleinen Geschwistern zum Christgeschenke zurechtgemacht hatte. Er redete von dem Vergnügen, das die Kleinen haben würden, und von den Zeiten, da einen die unerwartete Öffnung der Türe und die Erscheinung eines aufgeputzten Baums mit Wachslichtern, Zuckerwerk und Äpfeln in paradiesische Entzückung setzte. „Sie

Spielzeuge

geschmückten

sollen“, sagte Lotte, indem sie ihre Verlegenheit unter ein liebes Lächeln verbarg, „Sie sollen auch beschert kriegen, wenn Sie recht geschickt sind, ein Wachsstöckchen und noch was.“ – „Und was heißen Sie geschickt sein?“ rief er aus, „wie soll ich sein, wie kann ich sein, beste Lotte?“ – „Donnerstag abend“, sagte sie, „ist Weihnachtsabend, da kommen die Kinder, mein Vater auch, da kriegt jedes das Seinige, da kommen Sie auch – aber nicht eher.“ Werther stutzte! „Ich bitte Sie“, fuhr sie fort, „es ist nun einmal so, ich bitte Sie um meiner Ruhe willen, es kann nicht, es kann nicht so bleiben!“ Er wendete seine Augen von ihr, ging in der Stube auf und ab und murmelte das „Es kann nicht so bleiben!“ zwischen den Zähnen. Lotte, die den schröcklichen Zustand fühlte, worein ihn diese Worte versetzt hatten, suchte durch allerlei Fragen seine Gedanken abzulenken, aber vergebens. „Nein, Lotte“, rief er aus, „ich werde Sie nicht wieder sehn!“ – „Warum das?“ versetzte sie, „Werther, Sie können, Sie müssen uns wiedersehen, nur mäßigen Sie sich. Oh! warum mußten Sie mit dieser Heftigkeit, dieser unbezwinglich haftenden Leidenschaft für alles, das Sie einmal anfassen, geboren werden. ich bitte Sie“, fuhr sie fort, indem sie ihn bei der Hand nahm, „mäßigen Sie sich, Ihr Geist, Ihre Wissenschaft, Ihre Talente, was bieten die Ihnen für mannigfaltige Ergötzungen dar! Sein Sie ein Mann, wenden Sie diese traurige Anhänglichkeit von einem Geschöpfe, das nichts tun kann, als Sie bedauren.“ Er knirrte mit den Zähnen und sah sie düster an. Sie hielt seine Hand. „Nur einen Augenblick ruhigen Sinn, Werther“, sagte sie. „Fühlen Sie nicht, daß Sie sich betrügen, sich mit Willen zugrunde richten? Warum denn mich! Werther! Just mich! das Eigentum eines andern. Just das! Ich fürchte, ich fürchte, es ist nur die Unmöglichkeit, mich zu besitzen, die Ihnen

geschickt: brav, wie es sich schickt

Wachsstöckchen: gezogene dünne Kerzen

mannigfaltige: vgl. 13.91

Ergötzungen: vgl. 11.25

knirrte: knirschte

diesen Wunsch so reizend macht.“ Er zog seine Hand aus der ihrigen, indem er sie mit einem starren, unwilligen Blicke ansah. „Weise!“ rief er, „sehr weise! Hat vielleicht vgl. 109.3234 Albert diese Anmerkung gemacht? Politisch! sehr politisch!“ – „Es kann sie jeder machen“, versetzte sie drauf. „Und sollte denn in der weiten Welt kein Mädchen sein, das die Wünsche Ihres Herzens erfüllte. Gewinnen Sie’s über sich, suchen Sie darnach, und ich schwöre Ihnen, Sie werden sie finden. Denn schon lange ängstet mich für Sie und uns die Einschränkung, in die Sie sich diese Zeit her selbst gebannt haben. Gewinnen Sie’s über sich! Eine Reise wird Sie, muß Sie zerstreuen! Suchen Sie, finden Sie einen werten Gegenstand all Ihrer Liebe, und kehren Sie zurück, und lassen Sie uns zusammen die Seligkeit einer wahren Freundschaft genießen.“

„Das könnte man“, sagte er mit einem kalten Lachen, „drucken lassen und allen Hofmeistern empfehlen. Liebe Lotte, lassen Sie mir noch ein klein wenig Ruh, es wird alles werden.“ – „Nur das, Werther! daß Sie nicht eher kommen als Weihnachtsabend!“ Er wollte antworten, und Albert trat in die Stube. Man bot sich einen frostigen „guten Abend“ und ging verlegen im Zimmer nebeneinander auf und nieder. Werther fing einen un- vgl. 37.860 bedeutenden Diskurs an, der bald aus war, Albert desgleichen, der sodann seine Frau nach einigen Aufträgen fragte und, als er hörte, sie seien noch nicht ausgerichtet, ihr spitze Reden gab, die Werthern durchs Herz gingen. Er wollte gehen, er konnte nicht und zauderte bis acht, da sich denn der Unmut und Unwillen aneinander immer vermehrte, bis der Tisch gedeckt wurde und er Hut und Stock nahm, da ihm denn Albert ein unbedeutend Kompliment, ob er nicht mit ihnen vorliebnehmen wollte, mit auf den Weg gab.

Er kam nach Hause, nahm seinem Burschen, der ihm leuchten wollte, das Licht aus der Hand und ging allein in sein Zimmer, weinte laut, redete aufgebracht mit sich selbst, ging heftig die Stube auf und ab und warf sich endlich in seinen Kleidern aufs Bette, wo ihn der Bediente fand, der es gegen eilf wagte hineinzugehn, um zu fragen, ob er dem Herrn die Stiefel ausziehen sollte, das er denn zuließ und dem Diener verbot, des andern Morgens nicht ins Zimmer zu kommen, bis er ihm rufte.

Montags früh, den einundzwanzigsten Dezember, schrieb er folgenden Brief an Lotten, den man nach seinem Tode versiegelt auf seinem Schreibtische gefunden und ihr überbracht hat und den ich absatzweise hier einrücken will, so wie aus den Umständen erhellet, daß er ihn geschrieben habe.

„Es ist beschlossen, Lotte, ich will sterben, und das schreib ich dir ohne romantische Überspannung, gelassen, an dem Morgen des Tags, an dem ich dich zum letztenmal sehn werde. Wenn du dieses liesest, meine Beste, deckt schon das kühle Grab die erstarrten Reste des Unruhigen, Unglücklichen, der für die letzten Augenblicke seines Lebens keine größere Süßigkeit weiß, als sich mit dir zu unterhalten. Ich habe eine schröckliche Nacht gehabt und, ach, eine wohltätige Nacht, sie ist's, die meinen wankenden Entschluß befestiget, bestimmt hat: ich will sterben. Wie ich mich gestern von dir riß, in der fürchterlichen Empörung meiner Sinnen, wie sich all, all das nach meinem Herzen drängte und mein hoffnungsloses, freudloses Dasein neben dir in gräßlicher Kälte mich anpackte; ich erreichte kaum mein Zimmer, ich warf mich außer mir auf meine Knie, und o Gott! du gewährtest mir das letzte Labsal der bittersten Tränen, und tausend Anschläge, tausend Aussichten wüteten durch meine Seele, und zuletzt

vgl. 69.1899

vgl. 36.826

Pläne, Vorhaben

stand er da, fest, ganz, der letzte, einzige Gedanke: Ich will sterben! – Ich legte mich nieder, und morgens, in all der Ruh des Erwachens, steht er noch fest, noch ganz stark in meinem Herzen: Ich will sterben! – Es ist nicht Verzweiflung, es ist Gewißheit, daß ich ausgetragen habe und daß ich mich opfere für dich, ja Lotte, warum sollt ich's verschweigen: eins von uns dreien muß hinweg, und das will ich sein. O meine Beste, in diesem zerrissenen Herzen ist es wütend herumgeschlichen, oft – deinen Mann zu ermorden! – dich! – mich! – So sei's denn! – Wenn du hinaufsteigst auf den Berg, an einem schönen Sommerabende, dann erinnere dich meiner, wie ich so oft das Tal heraufkam, und dann blicke nach dem Kirchhofe hinüber nach meinem Grabe, wie der Wind das hohe Gras im Schein der sinkenden Sonne hin- und herwiegt. – Ich war ruhig, da ich anfing, und nun wein ich wie ein Kind, da mir all das so lebhaft um mich wird. –"

ausgelitten

Gegen zehn Uhr rufte Werther seinem Bedienten, und unter dem Anziehen sagte er ihm: wie er in einigen Tagen verreisen würde, er solle daher die Kleider auskehren und alles zum Einpacken zurechtemachen, auch gab er ihm Befehl, überall Kontis zu fordern, einige ausgeliehene Bücher abzuholen und einigen Armen, denen er wöchentlich etwas zu geben gewohnt war, ihr Zugeteiltes auf zwei Monate voraus zu bezahlen.

ausbürsten

Abrechnungen zu erledigen

Er ließ sich das Essen auf die Stube bringen, und nach Tische ritt er hinaus zum Amtmanne, den er nicht zu Hause antraf. Er ging tiefsinnig im Garten auf und ab und schien noch zuletzt alle Schwermut der Erinnerung auf sich häufen zu wollen.

Die Kleinen ließen ihn nicht lange in Ruhe, sie verfolgten ihn, sprangen an ihm hinauf, erzählten ihm: daß, wenn morgen und wieder morgen und noch ein Tag wäre, daß sie die Christgeschenke bei Lotten holten, und erzählten ihm Wunder, die sich ihre kleine Einbildungskraft versprach. „Morgen!“ rief er aus, „und wieder morgen, und noch ein Tag!“ Und küßte sie alle herzlich und wollte sie verlassen, als ihm der Kleine noch was ins Ohr sagen wollte. Der verriet ihm, daß die großen Brüder hätten schöne Neujahrswünsche geschrieben, so groß, und einen für den Papa, für Albert und Lotte einen und auch einen für Herrn Werther. Die wollten sie des Neujahrstags früh überreichen.

vgl. 12.35

Das übermannte ihn, er schenkte jedem was, setzte sich zu Pferde, ließ den Alten grüßen und ritt mit Tränen in den Augen davon.

Gegen fünfe kam er nach Hause, befahl der Magd, nach dem Feuer zu sehen und es bis in die Nacht zu unterhalten. Dem Bedienten hieß er Bücher und Wäsche unten in den Koffer packen und die Kleider einnähen. Darauf schrieb er wahrscheinlich folgenden Absatz seines letzten Briefes an Lotten.

zur Schonung wurden Kleider auf Reisen in Tücher eingenäht

„Du erwartest mich nicht. Du glaubst, ich würde gehorchen und erst Weihnachtsabend dich wiedersehn. O Lotte! Heut oder nie mehr. Weihnachtsabend hältst du dieses Papier in deiner Hand, zitterst und benetzt es mit deinen lieben Tränen. Ich will, ich muß! O wie wohl ist mir's, daß ich entschlossen bin.“

Um halb sieben ging er nach Albertens Hause und fand Lotten allein, die über seinen Besuch sehr erschrocken war. Sie hatte ihrem Manne im Diskurs gesagt, daß Werther vor Weihnachtsabend nicht wiederkommen würde. Er ließ bald darauf sein Pferd satteln, nahm von ihr Abschied und sagte, er wolle zu einem Beamten in der Nachbarschaft reiten, mit dem er Geschäfte abzutun habe, und so machte er sich trutz der üblen Witte-

vgl. 37.860

das stumme Mienenspiel

rung fort. Lotte, die wohl wußte, daß er dieses Geschäft schon lange verschoben hatte, daß es ihn eine Nacht von Hause halten würde, verstund die Pantomime nur allzu wohl und ward herzlich betrübt darüber. Sie saß in ihrer Einsamkeit, ihr Herz ward weich, sie sah das Vergangene, fühlte all ihren Wert und ihre Liebe zu ihrem Manne, der nun statt des versprochenen Glücks anfing, das Elend ihres Lebens zu machen. Ihre Gedanken fielen auf Werthern. Sie schalt ihn und konnte ihn nicht hassen. Ein geheimer Zug hatte ihr ihn vom Anfange ihrer Bekanntschaft teuer gemacht, und nun, nach so viel Zeit, nach so manchen durchlebten Situationen, mußte sein Eindruck unauslöschlich in ihrem Herzen sein. Ihr gepreßtes Herz machte sich endlich in Tränen Luft und ging in eine stille Melancholie über, in der sie sich je länger je tiefer verlor. Aber wie schlug ihr Herz, als sie Werthern die Treppe heraufkommen und außen nach ihr fragen hörte. Es war zu spät, sich verleugnen zu lassen, und sie konnte sich nur halb von ihrer Verwirrung ermannen, als er ins Zimmer trat. „Sie haben nicht Wort gehalten!" rief sie ihm entgegen. „Ich habe nichts versprochen", war seine Antwort. „So hätten Sie mir wenigstens meine Bitte gewähren sollen", sagte sie, „es war Bitte um unserer beider Ruhe willen." Indem sie das sprach, hatte sie bei sich überlegt, einige ihrer Freundinnen zu sich rufen zu lassen. Sie sollten Zeugen ihrer Unterredung mit Werthern sein, und abends, weil er sie nach Hause führen mußte, ward sie ihn zur rechten Zeit los. Er hatte ihr einige Bücher zurückgebracht, sie fragte nach einigen andern und suchte das Gespräch, in Erwartung ihrer Freundinnen, allgemein zu erhalten, als das Mädchen zurückkam und ihr hinterbrachte, wie sie sich beide entschuldigen ließen, die eine habe unangenehmen Verwandtenbesuch, und die andere möchte sich nicht anziehen und in dem schmutzigen Wetter nicht gerne ausgehen.

Darüber ward sie einige Minuten nachdenkend, bis das Gefühl ihrer Unschuld sich mit einigem Stolze empörte. Sie bot Albertens Grillen Trutz, und die Reinheit ihres Herzens gab ihr eine Festigkeit, daß sie nicht, wie sie anfangs vorhatte, ihr Mädchen in die Stube rief, sondern, nachdem sie einige Menuetts auf dem Klavier gespielt hatte, um sich zu erholen und die Verwirrung ihres Herzens zu stillen, sich gelassen zu Werthern aufs Kanapee setzte. „Haben Sie nichts zu lesen?“ sagte sie. Er hatte nichts. „Da drinne in meiner Schublade“, fing sie an, „liegt Ihre Übersetzung einiger Gesänge Ossians, ich habe sie noch nicht gelesen, denn ich hoffte immer, sie von Ihnen zu hören, aber zeither sind Sie zu nichts mehr tauglich.“ Er lächelte, holte die Lieder, ein Schauer überfiel ihn, als er sie in die Hand nahm, und die Augen stunden ihm voll Tränen, als er hineinsah, er setzte sich nieder und las:

vgl. 48.1225

Sofa

vgl. 50.1281

„Stern der dämmernden Nacht, schön funkelst du in Westen. Hebst dein strahlend Haupt aus deiner Wolke. Wandelst stattlich deinen Hügel hin. Wornach blickst du auf die Heide? Die stürmende Winde haben sich gelegt. Von ferne kommt des Gießbachs Murmeln. Rauschende Wellen spielen am Felsen ferne. Das Gesumme der Abendfliegen schwärmet übers Feld. Wornach siehst du, schönes Licht? Aber du lächelst und gehst, freudig umgeben dich die Wellen und baden dein liebliches Haar. Lebe wohl, ruhiger Strahl. Erscheine, du herrliches Licht von Ossians Seele.

Seite 150

Seite 145

Und es erscheint in seiner Kraft. Ich sehe meine geschiedene Freunde, sie sammeln sich auf Lora, wie in den Tagen, die vorüber sind. – Fingal kommt wie eine feuchte Nebelsäule; um ihn sind seine Helden. Und sieh die Bar-

Wiese unterhalb des Hügels Selma

vgl. 95.2744

den des Gesangs! grauer Ullin! stattlicher Ryno! Alpin, lieblicher Sänger! Und du, sanft klagende Minona! – Wie verändert seid ihr, meine Freunde, seit den festlichen Tagen auf Selma! da wir buhlten um die Ehre des Gesangs, wie Frühlingslüfte den Hügel hin wechselnd beugen das schwach lispelnde Gras.

Sänger

Sängerin, Schwester Morars und Tochter Tormans

Hügelstätte, auf der sich die Helden und Sänger versammeln

wetteiferten, warben

Da trat Minona hervor in ihrer Schönheit, mit niedergeschlagenem Blick und tränenvollem Auge. Ihr Haar floß schwer im unsteten Winde, der von dem Hügel herstieß. – Düster ward's in der Seele der Helden, als sie die liebliche Stimme erhub; denn oft hatten sie das Grab Salgars gesehen, oft die finstere Wohnung der weißen Colma. Colma, verlassen auf dem Hügel, mit all der harmonischen Stimme. Salgar versprach zu kommen; aber ringsum zog sich die Nacht. Höret Colmas Stimme, da sie auf dem Hügel allein saß.

Colmars toter Geliebter

Geliebte Salgars

Colma

Es ist Nacht; – ich bin allein, verloren auf dem stürmischen Hügel. Der Wind saust im Gebürg, der Strom heult den Felsen hinab. Keine Hütte schützt mich vor dem Regen, verlassen auf dem stürmischen Hügel.

Tritt, o Mond, aus deinen Wolken; erscheinet, Sterne der Nacht! Leite mich irgendein Strahl zu dem Orte, wo meine Liebe ruht von den Beschwerden der Jagd, sein Bogen neben ihm abgespannt, seine Hunde schnobend um ihn! Aber hier muß ich sitzen allein auf dem Felsen des verwachsenen Stroms. Der Strom und der Sturm saust, ich höre nicht die Stimme meines Geliebten.

schnaubend

mit Pflanzen zugewachsen

Warum zaudert mein Salgar? Hat er sein Wort vergessen? – Da ist der Fels und der Baum und hier der rauschende Strom. Mit der Nacht versprachst du hier zu sein. Ach! wohin hat sich mein Salgar verirrt? Mit dir wollt ich fliehen, verlassen Vater und Bruder! die Stolzen! Lange sind unsere Geschlechter Feinde, aber wir sind keine Feinde, o Salgar.

Schweig eine Weile, o Wind, still eine kleine Weile, o Strom, daß meine Stimme klinge durchs Tal, daß mein Wandrer mich höre. Salgar! Ich bin's, die ruft. Hier ist der Baum und der Fels. Salgar, mein Lieber, hier bin ich. Warum zauderst du zu kommen?

Sieh, der Mond erscheint. Die Flut glänzt im Tale. Die Felsen stehn grau den Hügel hinauf. Aber ich seh ihn nicht auf der Höhe. Seine Hunde vor ihm her verkündigen nicht seine Ankunft. Hier muß ich sitzen allein. Aber wer sind, die dort unten liegen auf der Heide – Mein Geliebter? Mein Bruder? – Redet, o meine Freunde! Sie antworten nicht. Wie geängstet ist meine Seele – Ach, sie sind tot! – Ihre Schwerte rot vom Gefecht. O mein Bruder, mein Bruder, warum hast du meinen Salgar erschlagen? O mein Salgar, warum hast du meinen Bruder erschlagen? – Ihr wart mir beide so lieb! O du warst schön an dem Hügel unter Tausenden; er war schröcklich in der Schlacht. Antwortet mir! Hört meine Stimme, meine Geliebten. Aber ach, sie sind stumm. Stumm vor ewig. Kalt wie die Erde ist ihr Busen.

Oh, von dem Felsen des Hügels, von dem Gipfel des stürmenden Berges, redet, Geister der Toten! Redet! mir soll es nicht grausen! – Wohin seid ihr zur Ruhe gegangen? In welcher Gruft des Gebürges soll ich euch finden! – Keine schwache Stimme vernehm ich im Wind, keine wehende Antwort im Sturme des Hügels.

Ich sitze in meinem Jammer, ich harre auf den Morgen in meinen Tränen. Wühlet das Grab, ihr Freunde der Toten, aber schließt es nicht, bis ich komme. Mein Leben schwindet wie ein Traum, wie sollt ich zurückbleiben. Hier will ich wohnen mit meinen Freunden, an dem Strome des klingenden Felsen – Wenn's Nacht wird auf dem Hügel und der Wind kommt über die Heide, soll mein Geist im Winde stehn und trauren den Tod meiner Freunde. Der Jäger hört mich aus seiner Laube, fürchtet meine Stimme und liebt sie; denn süß soll meine Stimme sein um meine Freunde, sie waren mir beide so lieb.

Das war dein Gesang, o Minona, Tormans sanft errötende Tochter. Unsere Tränen flossen um Colma, und unsere Seele ward düster – Ullin trat auf mit der Harfe und gab uns Alpins Gesang – Alpins Stimme war freundlich, Rynos Seele ein Feuerstrahl. Aber schon ruhten sie im engen Hause, und ihre Stimme war verhallt in Selma – Einst kehrt' Ullin von der Jagd zurück, eh noch die Helden fielen, er hörte ihren Wettegesang auf dem Hügel, ihr Lied war sanft, aber traurig, sie klagten Morars Fall, des ersten der Helden. Seine Seele war wie Fingals Seele; sein Schwert wie das Schwert Oskars – Aber er fiel, und sein Vater jammerte, und seiner Schwester Augen waren voll Tränen – Minonas Augen waren voll Tränen, der Schwester des herrlichen Morars. Sie trat zurück vor Ullins Gesang, wie der Mond in Westen, der den Sturmregen voraussieht und sein schönes Haupt in eine Wolke verbirgt. – Ich schlug die Harfe mit Ullin zum Gesange des Jammers.

Sohn Tormans

Sohn Ossians und Enkel Fingals

Ryno

Vorbei sind Wind und Regen, der Mittag ist so heiter, die Wolken teilen sich. Fliehend bescheint den Hügel die unbeständge Sonne. So rötlich fließt der Strom des Bergs im Tale hin. Süß ist dein Murmeln, Strom, doch süßer die

Stimme, die ich höre. Es ist Alpins Stimme, er bejammert den Toten. Sein Haupt ist vor Alter gebeugt und rot sein tränendes Auge. Alpin, trefflicher Sänger, warum allein auf dem schweigenden Hügel, warum jammerst du wie ein Windstoß im Wald, wie eine Welle am fernen Gestade.

Alpin

Meine Tränen, Ryno, sind für den Toten, meine Stimme für die Bewohner des Grabs. Schlank bist du auf dem Hügel, schön unter den Söhnen der Heide. Aber du wirst fallen wie Morar, und wird der Traurende sitzen auf deinem Grabe. Die Hügel werden dich vergessen, dein Bogen in der Halle liegen ungespannt.

Du warst schnell, o Morar, wie ein Reh auf dem Hügel, schrecklich wie die Nachtfeuer am Himmel, dein Grimm war ein Sturm. Dein Schwert in der Schlacht wie Wetterleuchten über der Heide. Deine Stimme glich dem Waldstrome nach dem Regen, dem Donner auf fernen Hügeln. Manche fielen von deinem Arm, die Flamme deines Grimms verzehrte sie. Aber wenn du kehrtest vom Kriege, wie friedlich war deine Stirne! Dein Angesicht war gleich der Sonne nach dem Gewitter, gleich dem Monde in der schweigenden Nacht. Ruhig deine Brust wie der See, wenn sich das Brausen des Windes gelegt hat.

Eng ist nun deine Wohnung, finster deine Stätte. Mit drei Schritten meß ich dein Grab, o du, der du ehe so groß warst! Vier Steine mit moosigen Häuptern sind dein einzig Gedächtnis. Ein entblätterter Baum, lang Gras, das wispelt im Winde, deutet dem Auge des Jägers das Grab des mächtigen Morars. Keine Mutter hast du, dich zu beweinen, kein Mädchen, mit Tränen der Liebe. Tot ist, die dich gebar. Gefallen die Tochter von Morglan.

Großvater Morars

Wer auf seinem Stabe ist das? Wer ist's, dessen Haupt weiß ist vor Alter, dessen Augen rot sind von Tränen? – Es ist dein Vater, o Morar! Der Vater keines Sohns außer dir! Er hörte von deinem Rufe in der Schlacht; er hörte von zerstobenen Feinden. Er hörte Morars Ruhm! Ach, nichts von seiner Wunde? Weine, Vater Morars! Weine! aber dein Sohn hört dich nicht. Tief ist der Schlaf der Toten, niedrig ihr Küssen von Staub. Nimmer achtet er auf die Stimme, nie erwacht er auf deinen Ruf. O wann wird es Morgen im Grabe? zu bieten dem Schlummerer: Erwache!

Lebe wohl, edelster der Menschen, du Eroberer im Felde! Aber nimmer wird dich das Feld sehn, nimmer der düstere Wald leuchten vom Glanze deines Stahls. Du hinterließest keinen Sohn, aber der Gesang soll deinen Namen erhalten. Künftige Zeiten sollen von dir hören, hören sollen sie von dem gefallenen Morar.

Herrscher der Insel Gorma

Fürst des Galmal

vgl. 21.325

Laut ward die Trauer der Helden, am lautsten Armins berstender Seufzer. Ihn erinnert's an den Tod seines Sohns, der fiel in den Tagen seiner Jugend. Carmor saß nah bei dem Helden, der Fürst des hallenden Galmal. ‚Warum schluchzet der Seufzer Armins?' sprach er, ‚was ist hier zu weinen? Klingt nicht Lied und Gesang, die Seele zu schmelzen und zu ergötzen. Sind wie sanfter Nebel, der steigend vom See aufs Tal sprüht, und die blühenden Blumen füllet das Naß; aber die Sonne kommt wieder in ihrer Kraft, und der Nebel ist gangen. Warum bist du so jammervoll, Armin, Herr des seeumflossenen Gorma?'

Sohn Carmors

Tochter Carmors

‚Jammervoll! Wohl, das bin ich, und nicht gering die Ursach meines Wehs. – Carmor, du verlorst keinen Sohn; verlorst keine blühende Tochter! Colgar, der Tapfere, lebt; und Annira, die schönste der Mädchen. Die Zweige deines Hauses blühen, o Carmor, aber Armin ist der Letzte seines Stamms. Finster ist dein Bett, o Daura! Dumpf ist dein Schlaf in dem Grabe – Wann erwachst du mit deinen Gesängen, mit deiner melodischen Stimme? Auf! ihr Winde des Herbst, auf! Stürmt über die finstre Heide! Waldströme, braust! Heult, Stürme, in dem Gipfel der Eichen! Wandle durch gebrochene Wolken, o Mond, zeige wechselnd dein bleiches Gesicht! Erinnere mich der schröcklichen Nacht, da meine Kinder umkamen, Arindal, der mächtige, fiel, Daura, die liebe, verging.

Tochter Armins

Sohn Armins

Daura, meine Tochter, du warst schön! schön wie der Mond auf den Hügeln von Fura, weiß wie der gefallene Schnee, süß wie die atmende Luft. Arindal, dein Bogen war stark, dein Speer schnell auf dem Felde, dein Blick wie Nebel auf der Welle, dein Schild eine Feuerwolke im Sturme. Armar, berühmt im Krieg, kam und warb um Dauras Liebe, sie widerstund nicht lange, schön waren die Hoffnungen ihrer Freunde.

Landschaft

Armaths Sohn

Erath, der Sohn Odgals, grollte, denn sein Bruder lag erschlagen von Armar. Er kam, in einen Schiffer verkleidet, schön war sein Nachen auf der Welle; weiß seine Locken vor Alter, ruhig sein ernstes Gesicht. ‚Schönste der Mädchen‘, sagt’ er, ‚liebliche Tochter von Armin! Dort am Fels, nicht fern in der See, wo die rote Frucht vom Baume herblinkt, dort wartet Armar auf Daura. Ich komme, seine Liebe zu führen über die rollende See.‘

Rächer seines von Armar getöteten Bruders

Sie folgt’ ihm und rief nach Armar. Nichts antwortete als die Stimme des Felsens. ‚Armar, mein Lieber, mein Lieber, warum ängstest du mich so? Höre, Sohn Arnarts, höre. Daura ist’s, die dich ruft!‘

Erath, der Verräter, floh lachend zum Lande. Sie erhub ihre Stimme, rief nach ihrem Vater und Bruder: ‚Arindal! Armin! Ist keiner, seine Daura zu retten?‘

Ihre Stimme kam über die See. Arindal, mein Sohn, stieg vom Hügel herab, rauh in der Beute der Jagd. Seine Pfeile rasselten an seiner Seite. Seinen Bogen trug er in der Hand. Fünf schwarzgraue Doggen waren um ihn. Er sah den kühnen Erath am Ufer, faßt' und band ihn an die Eiche. Fest umflocht er seine Hüften, er füllt' mit Ächzen die Winde.

Arindal betritt die Welle in seinem Boote, Daura herüberzubringen. Armar kam in seinem Grimm, drückt' ab den graubefiederten Pfeil, er klang, er sank in dein Herz, o Arindal, mein Sohn! Statt Erath, des Verräters, kamst du um, das Boot erreicht' den Felsen, er sank dran nieder und starb. Welch war dein Jammer, o Daura, da zu deinen Füßen floß deines Bruders Blut.

Die Wellen zerschmettern das Boot. Armar stürzt sich in die See, seine Daura zu retten oder zu sterben. Schnell stürmt ein Stoß vom Hügel in die Wellen, er sank und hub sich nicht wieder.

Allein auf dem seebespülten Felsen hört ich die Klage meiner Tochter. Viel und laut war ihr Schreien; doch konnt sie ihr Vater nicht retten. Die ganze Nacht stund ich am Ufer, ich sah sie im schwachen Strahle des Monds, die ganze Nacht hört ich ihr Schrei'n. Laut war der Wind, und der Regen schlug scharf nach der Seite des Bergs. Ihre Stimme ward schwach, eh der Morgen erschien, sie starb weg wie die Abendluft zwischen dem Grase der Felsen. Beladen mit Jammer starb sie und ließ Armin allein! Dahin ist meine Stärke im Krieg, gefallen mein Stolz unter den Mädchen.

Wenn die Stürme des Berges kommen, wenn der Nord die Wellen hochhebt, sitz ich am schallenden Ufer, schaue nach dem schröcklichen Felsen. Oft im sinkenden Mond seh ich die Geister meiner Kinder, halb dämmernd wandeln sie zusammen in trauriger Eintracht.'"

Ein Strom von Tränen, der aus Lottens Augen brach und ihrem gepreßten Herzen Luft machte, hemmte Werthers Gesang, er warf das Papier hin und faßte ihre Hand und weinte die bittersten Tränen. Lotte ruhte auf der andern und verbarg ihre Augen ins Schnupftuch, die Bewegung beider war fürchterlich. Sie fühlten ihr eigenes Elend in dem Schicksal der Edlen, fühlten es zusammen, und ihre Tränen vereinigten sie. Die Lippen und Augen Werthers glühten an Lottens Arme, ein Schauer überfiel sie, sie wollte sich entfernen, und es lag all der Schmerz, der Anteil betäubend wie Blei auf ihr. Sie atmete, sich zu erholen, und bat ihn schluchzend, fortzufahren, bat mit der ganzen Stimme des Himmels, Werther zitterte, sein Herz wollte bersten, er hub das Blatt auf und las halb gebrochen:

„Warum weckst du mich, Frühlingsluft? Du buhlst und sprichst: ich betaue mit Tropfen des Himmels. Aber die Zeit meines Welkens ist nah, nah der Sturm, der meine Blätter herabstört! Morgen wird der Wandrer kommen, kommen, der mich sah in meiner Schönheit, rings wird sein Aug im Felde mich suchen und wird mich nicht finden. –“

Aus Ossians „Berrathon“

Die ganze Gewalt dieser Worte fiel über den Unglücklichen, er warf sich vor Lotten nieder in der vollen Verzweiflung, faßte ihre Hände, druckte sie in seine Augen, wider seine Stirn, und ihr schien eine Ahndung seines schröcklichen Vorhabens durch die Seele zu fliegen. Ihre Sinnen verwirrten sich, sie druckt seine Hände, druckte sie wider ihre Brust, neigte sich mit einer wehmütigen Bewegung zu ihm, und ihre glühenden Wangen berührten sich. Die Welt verging ihnen, er schlang seine Arme um sie her, preßte sie an seine Brust und deckte ihre zitternde, stammelnde Lippen mit wüten-

vgl. 19.258

den Küssen. „Werther!“ rief sie mit erstickter Stimme, sich abwendend, „Werther!“ und drückte mit schwacher Hand seine Brust von der ihrigen! „Werther!“ rief sie mit dem gefaßten Tone des edelsten Gefühls; er widerstund nicht, ließ sie aus seinen Armen und warf sich unsinnig vor sie hin. Sie riß sich auf, und in ängstlicher Verwirrung, bebend zwischen Liebe und Zorn, sagte sie: „Das ist das letzte Mal! Werther! Sie sehn mich nicht wieder.“ Und mit dem vollsten Blick der Liebe auf den Elenden eilte sie ins Nebenzimmer und schloß hinter sich zu. Werther streckte ihr die Arme nach, getraute sich nicht, sie zu halten. Er lag an der Erde, den Kopf auf dem Kanapee, und in dieser Stellung blieb er über eine halbe Stunde, bis ihn ein Geräusch zu sich selbst rief. Es war das Mädchen, das den Tisch decken wollte. Er ging im Zimmer auf und ab, und da er sich wieder allein sah, ging er zur Türe des Kabinetts und rief mit leiser Stimme: „Lotte! Lotte! nur noch ein Wort, ein Lebewohl!“ Sie schwieg, er harrte – und bat – und harrte, dann riß er sich weg und rief: „Leb wohl, Lotte! auf ewig leb wohl!“

kleiner, geschlossener Raum, Nebenzimmer

Er kam ans Stadttor. Die Wächter, die ihn schon gewohnt waren, ließen ihn stillschweigend hinaus, es stübte zwischen Regen und Schnee, und erst gegen eilfe klopfte er wieder. Sein Diener bemerkte, als Werther nach Hause kam, daß seinem Herrn der Hut fehlte. Er getraute sich nichts zu sagen, entkleidete ihn, alles war naß. Man hat nachher den Hut auf einem Felsen, der an dem Abhange des Hügels ins Tal sieht, gefunden, und es ist unbegreiflich, wie er ihn in einer finstern, feuchten Nacht, ohne zu stürzen, erstiegen hat.

Man gelangte nur durch bewachte Tore in die (aus der) Stadt

stiebte; hier: wechselte

elf

Er legte sich zu Bette und schlief lange. Der Bediente fand ihn schreiben, als er ihm den andern Morgen auf sein Rufen den Kaffee brachte. Er schrieb folgendes am Briefe an Lotten:

„Zum letzten Male denn, zum letzten Male schlag ich diese Augen auf, sie sollen, ach, die Sonne nicht mehr sehen, ein trüber, neblichter Tag hält sie bedeckt. So traure denn, Natur, dein Sohn, dein Freund, dein Geliebter naht sich seinem Ende. Lotte, das ist ein Gefühl ohnegleichen, und doch kommt's dem dämmernden Traume am nächsten, zu sich zu sagen: das ist der letzte Morgen. Der letzte! Lotte, ich habe keinen Sinn vor das Wort: der letzte! Steh ich nicht da in meiner ganzen Kraft, und morgen lieg ich ausgestreckt und schlaff am Boden. Sterben! Was heißt das? Sieh, wir träumen, wenn wir vom Tode reden. Ich hab manchen sterben sehen; aber so eingeschränkt ist die Menschheit, daß sie für ihres Daseins Anfang und Ende keinen Sinn hat. Jetzt noch mein, dein! dein! o Geliebte, und einen Augenblick – getrennt, geschieden – vielleicht auch ewig. – Nein, Lotte, nein – Wie kann ich vergehen, wie kannst du vergehen, wir sind ja! – Vergehen! – Was heißt das? das ist wieder ein Wort! ein leerer Schall ohne Gefühl für mein Herz. – – Tot, Lotte! Eingescharrt der kalten Erde, so eng, so finster! – Ich hatte eine Freundin, die mein Alles war meiner hülflosen Jugend, sie starb, und ich folgte ihrer Leiche und stand an dem Grabe. Wie sie den Sarg hinunterließen und die Seile schnurrend unter ihm weg- und wieder heraufschnellten, dann die erste Schaufel hinunterschollerte und die ängstliche Lade einen dumpfen Ton wiedergab und dumpfer und immer dumpfer und endlich bedeckt war! – Ich stürzte neben das Grab hin – Ergriffen, erschüttert, geängstet, zerrissen mein Innerstes, aber ich wußte nicht, wie mir geschah, – wie mir geschehen wird – Sterben! Grab! Ich verstehe die Worte nicht!

polterte

die Angst erregende Kiste; hier: der Sarg

O vergib mir! vergib mir! Gestern! Es hätte der letzte Augenblick meines Lebens sein sollen. O du Engel! zum ersten Male, zum ersten Male ganz ohne Zweifel durch mein innig Innerstes durchglühte mich das Wonnegefühl: Sie liebt mich! Sie liebt mich. Es brennt noch auf meinen Lippen das heilige Feuer, das von den deinigen strömte, neue, warme Wonne ist in meinem Herzen. Vergib mir, vergib mir.

vgl. 14.97

vgl. 14.97

Ach ich wußte, daß du mich liebtest, wußte es an den ersten seelenvollen Blicken, an dem ersten Händedruck, und doch, wenn ich wieder weg war, wenn ich Alberten an deiner Seite sah, verzagt ich wieder in fieberhaften Zweifeln.

Erinnerst du dich der Blumen, die du mir schicktest, als du in jener fatalen Gesellschaft mir kein Wort sagen, keine Hand reichen konntest, o ich habe die halbe Nacht davor gekniet, und sie versiegelten mir deine Liebe. Aber ach! diese Eindrücke gingen vorüber, wie das Gefühl der Gnade seines Gottes allmählich wieder aus der Seele des Gläubigen weicht, die ihm mit ganzer Himmelsfülle im heiligen sichtbaren Zeichen gereicht ward.

vgl. 77.2159

waren das Zeugnis deiner Liebe

gemeint ist das Abendmahl

Alles das ist vergänglich, keine Ewigkeit soll das glühende Leben auslöschen, das ich gestern auf deinen Lippen genoß, das ich in mir fühle. Sie liebt mich! Dieser Arm hat sie umfaßt, diese Lippen auf ihren Lippen gezittert, dieser Mund am ihrigen gestammelt. Sie ist mein! du bist mein! ja, Lotte, auf ewig!

Und was ist das? daß Albert dein Mann ist! Mann? – das wäre denn für diese Welt – und für diese Welt Sünde, daß ich dich liebe, daß ich dich aus seinen Armen in die meinigen reißen möchte? Sünde? Gut! und ich strafe mich davor: Ich hab sie in ihrer ganzen Himmelswonne geschmeckt, diese Sünde, habe Lebensbalsam und Kraft in

vgl. 14.97

vgl. 12.55

mein Herz gesaugt, du bist von dem Augenblicke mein! Mein, o Lotte. Ich gehe voran! Geh zu meinem Vater, zu deinem Vater, dem will ich's klagen, und er wird mich trösten, bis du kommst, und ich fliege dir entgegen und fasse dich und bleibe bei dir vor dem Angesichte des Unendlichen in ewigen Umarmungen.

vgl. Joh. 14,2: „Ich gehe hin, euch die Stätte zu bereiten"
Seite 150

Ich träume nicht, ich wähne nicht! nah am Grabe ward mir's heller. Wir werden sein, wir werden uns wiedersehn! Deine Mutter sehn! ich werde sie sehen, werde sie finden, ach und vor ihr all mein Herz ausschütten. Deine Mutter. Dein Ebenbild."

ich bin nicht wahnsinnig

Gegen eilfe fragte Werther seinen Bedienten, ob wohl Albert zurückgekommen sei. Der Bediente sagte: ja, er habe dessen Pferd dahinführen sehn. Drauf gibt ihm der Herr ein offenes Zettelchen des Inhalts:

„Wollten Sie mir wohl zu einer vorhabenden Reise Ihre Pistolen leihen? Leben Sie recht wohl."

Die liebe Frau hatte die letzte Nacht wenig geschlafen, ihr Blut war in einer fieberhaften Empörung, und tausenderlei Empfindungen zerrütteten ihr Herz. Wider ihren Willen fühlte sie tief in ihrer Brust das Feuer von Werthers Umarmungen, und zugleich stellten sich ihr die Tage ihrer unbefangenen Unschuld, des sorglosen Zutrauens auf sich selbst in doppelter Schöne dar, es ängstigten sie schon zum voraus die Blicke ihres Mannes und seine halb verdrüßlich, halb spöttische Fragen, wenn er Werthers Besuch erfahren würde; sie hatte sich nie verstellt, sie hatte nie gelogen, und nun sah sie sich zum erstenmal in der unvermeidlichen Notwendigkeit; der Widerwillen, die Verlegenheit, die sie dabei empfand, machte die Schuld in ihren Augen größer, und doch konnte sie den Urheber davon weder hassen noch sich versprechen, ihn nie wiederzusehn. Sie weinte bis gegen

Morgen, da sie in einen matten Schlaf versank, aus dem sie sich kaum aufgerafft und angekleidet hatte, als ihr Mann zurückkam, dessen Gegenwart ihr zum erstenmal ganz unerträglich war; denn indem sie zitterte, er würde das Verweinte, Überwachte ihrer Augen und ihrer Gestalt entdecken, ward sie noch verwirrter, bewillkommte ihn mit einer heftigen Umarmung, die mehr Bestürzung und Reue als eine auffahrende Freude ausdrückte, und eben dadurch machte sie die Aufmerksamkeit Albertens rege, der, nachdem er einige Briefe und Pakets erbrochen, sie ganz trocken fragte, ob sonst nichts vorgefallen, ob niemand dagewesen wäre? Sie antwortete ihm stockend, Werther seie gestern eine Stunde gekommen. „Er nimmt seine Zeit gut", versetzt' er und ging nach seinem Zimmer. Lotte war eine Viertelstunde allein geblieben. Die Gegenwart des Mannes, den sie liebte und ehrte, hatte einen neuen Eindruck in ihr Herz gemacht. Sie erinnerte sich all seiner Güte, seines Edelmuts, seiner Liebe und schalt sich, daß sie es ihm so übel gelohnt habe. Ein unbekannter Zug reizte sie, ihm zu folgen, sie nahm ihre Arbeit, wie sie mehr getan hatte, ging nach seinem Zimmer und fragte, ob er was bedürfte; er antwortete: „Nein!", stellte sich an Pult, zu schreiben, und sie setzte sich nieder, zu stricken. Eine Stunde waren sie auf diese Weise nebeneinander, und als Albert etlichemal in der Stube auf und ab ging und Lotte ihn anredete, er aber wenig oder nichts drauf gab und sich wieder an Pult stellte, so verfiel sie in eine Wehmut, die ihr um desto ängstlicher ward, als sie solche zu verbergen und ihre Tränen zu verschlucken suchte.

Die Erscheinung von Werthers Knaben versetzt sie in die größte Verlegenheit, er überreichte Alberten das Zettelchen, der sich ganz kalt nach seiner Frau wendete und

erbrochen: durch das Zerbrechen des Siegels geöffnet
nimmt: wählt
mehr: oftmals
drauf gab: antwortete
ängstlicher: angstmachender
Knaben: hier: junger Bediensteter

sagte: „Gib ihm die Pistolen." – „Ich laß ihm glückliche Reise wünschen", sagt' er zum Jungen. Das fiel auf sie wie ein Donnerschlag. Sie schwankte aufzustehn. Sie wußte nicht, wie ihr geschah. Langsam ging sie nach der Wand, zitternd nahm sie sie herunter, putzte den Staub ab und zauderte und hätte noch lang gezögert, wenn nicht Albert durch einen fragenden Blick: was denn das geben sollte? sie gedrängt hätte. Sie gab das unglückliche Gewehr dem Knaben, ohne ein Wort vorbringen zu können, und als der zum Hause drauß war, machte sie ihre Arbeit zusammen, ging in ihr Zimmer in dem Zustand des unaussprechlichsten Leidens. Ihr Herz weissagte ihr alle Schröcknisse. Bald war sie im Begriff, sich zu den Füßen ihres Mannes zu werfen, ihm alles zu entdecken, die Geschichte des gestrigen Abends, ihre Schuld und ihre Ahndungen. Dann sah sie wieder keinen Ausgang des Unternehmens, am wenigsten konnte sie hoffen, ihren Mann zu einem Gange nach Werthern zu bereden. Der Tisch ward gedeckt, und eine gute Freundin, die nur etwas zu fragen kam und die Lotte nicht wegließ, machte die Unterhaltung bei Tische erträglich, man zwang sich, man redete, man erzählte, man vergaß sich.

vgl. 130.3921

vgl. 19.258

im Sinne von: man vergaß die bedrückenden Vorkommnisse

Der Knabe kam mit den Pistolen zu Werthern, der sie ihm mit Entzücken abnahm, als er hörte, Lotte habe sie ihm gegeben. Er ließ sich ein Brot und Wein bringen, hieß den Knaben zu Tisch gehn und setzte sich nieder, zu schreiben.

vgl. das letzte Abendmahl, z. B. Lk. 21,19 f.

vgl. 130.3921

„Sie sind durch deine Hände gegangen, du hast den Staub davon geputzt, ich küsse sie tausendmal, du hast sie berührt. Und du, Geist des Himmels, begünstigst meinen Entschluß! Und du, Lotte, reichst mir das Werkzeug, du, von deren Händen ich den Tod zu empfangen wünschte und ach! nun empfange. O ich habe meinen Jungen ausgefragt, du zittertest, als du sie ihm reichtest, du sagtest kein Lebewohl – Weh! Weh! – kein Lebewohl! – Solltest du dein Herz für mich verschlossen haben, um des Augenblicks willen, der mich auf ewig an dich befestigte. Lotte, kein Jahrtausend vermag den Eindruck auszulöschen! Und ich fühl's, du kannst den nicht hassen, der so für dich glüht."

vgl. 130.3921
Nach Tische hieß er den Knaben alles vollends einpacken, zerriß viele Papiere, ging aus und brachte noch kleine Schulden in Ordnung. Er kam wieder nach Hause, ging wieder aus, vors Tor, ohngeachtet des Regens, in den gräflichen Garten, schweifte weiter in der Gegend umher und kam mit einbrechender Nacht zurück und schrieb.

„Wilhelm, ich habe zum letzten Male Feld und Wald und den Himmel gesehn. Leb wohl auch du! Liebe Mutter, verzeiht mir! Tröste sie, Wilhelm. Gott segne euch! Meine Sachen sind all in Ordnung. Lebt wohl! Wir sehen uns wieder und freudiger."

„Ich habe dir übel gelohnt, Albert, und du vergibst mir. Ich habe den Frieden deines Hauses gestört, ich habe Mißtrauen zwischen euch gebracht. Leb wohl, ich will's enden. O daß ihr glücklich wäret durch meinen Tod! Albert! Albert! mache den Engel glücklich. Und so wohne Gottes Segen über dir!"

Er kramte den Abend noch viel in seinen Papieren, zerriß vieles und warf's in Ofen, versiegelte einige Päcke mit den Adressen an Wilhelmen. Sie enthielten kleine Aufsätze, abgerissene Gedanken, deren ich verschiedene gesehen habe; und nachdem er um zehn Uhr im Ofen nachlegen und sich einen Schoppen Wein geben lassen, schickte er den Bedienten, dessen Kammer wie auch die Schlafzimmer der Hausleute weit hinten hinaus waren, zu Bette, der sich denn in seinen Kleidern niederlegte, um früh bei der Hand zu sein; denn sein Herr hatte gesagt, die Postpferde würden vor sechse vors Haus kommen.

„Nach eilfe

Alles ist so still um mich her, und so ruhig meine Seele; ich danke dir, Gott, der du diesen letzten Augenblicken diese Wärme, diese Kraft schenkest.

Ich trete ans Fenster, meine Beste, und seh und sehe noch durch die stürmenden, vorüberfliehenden Wolken einzelne Sterne des ewigen Himmels! Nein, ihr werdet nicht fallen! Der Ewige trägt euch an seinem Herzen und mich. Ich sah die Deichselsterne des Wagens, des liebsten unter allen Gestirnen. Wenn ich nachts von dir ging, wie ich aus deinem Tore trat, stand er gegenüber! Mit welcher Trunkenheit hab ich ihn oft angesehen! Oft mit aufgehabenen Händen ihn zum Zeichen, zum heiligen Merksteine meiner gegenwärtigen Seligkeit gemacht, und noch – O Lotte, was erinnert mich nicht an dich! Umgibst du mich nicht, und hab ich nicht gleich einem Kinde ungenügsam allerlei Kleinigkeiten zu mir gerissen, die du Heilige berührt hattest!

erhobenen

Liebes Schattenbild! Ich vermache dir's zurück, Lotte, und bitte dich, es zu ehren. Tausend, tausend Küsse hab ich draufgedrückt, tausend Grüße ihm zugewinkt, wenn ich ausging oder nach Hause kam.

Seite 145 (50.1294)

Ich habe deinen Vater in einem Zettelchen gebeten, meine Leiche zu schützen. Auf dem Kirchhofe sind zwei Lindenbäume, hinten im Ecke nach dem Felde zu, dort wünsch ich zu ruhen. Er kann, er wird das für seinen Freund tun. Bitt ihn auch. Ich will frommen Christen nicht zumuten, ihren Körper neben einem armen Unglücklichen niederzulegen. Ach ich wollte, ihr begrübt

Seite 150

Seite 150

mich am Wege oder im einsamen Tale, daß Priester und Levite vor dem bezeichnenden Steine sich segnend vorüberging und der Samariter eine Träne weinte.

Seite 150
vgl. 12.57; hier: schrecke nicht zurück
zögere

Hier, Lotte! Ich schaudere nicht, den kalten, schröcklichen Kelch zu fassen, aus dem ich den Taumel des Todes trinken soll! Du reichtest mir ihn, und ich zage nicht. All! all! so sind all die Wünsche und Hoffnungen meines Lebens erfüllt! So kalt, so starr an der ehernen Pforte des Todes anzuklopfen.

vgl. 14.97

Daß ich des Glücks hätte teilhaftig werden können! Für dich zu sterben, Lotte, für dich mich hinzugeben. Ich wollte mutig, ich wollte freudig sterben, wenn ich dir die Ruhe, die Wonne deines Lebens wieder schaffen könnte; aber ach, das ward nur wenig Edlen gegeben, ihr Blut für die Ihrigen zu vergießen und durch ihren Tod ein neues, hundertfältiges Leben ihren Freunden anzufachen.

In diesen Kleidern, Lotte, will ich begraben sein. Du hast sie berührt, geheiligt. Ich habe auch darum deinen Vater gebeten. Meine Seele schwebt über dem Sarge. Man soll meine Taschen nicht aussuchen. Diese blaßrote Schleife, die du am Busen hattest, als ich dich zum ersten Male unter deinen Kindern fand. O küsse sie tausendmal und erzähl ihnen das Schicksal ihres unglücklichen Freunds. Die Lieben, sie wimmeln um mich. Ach, wie ich mich an dich schloß! Seit dem ersten Augenblicke dich nicht lassen konnte! Diese Schleife soll mit mir begraben werden. An meinem Geburtstage schenktest du mir sie! Wie ich das all verschlang – Ach, ich dachte nicht, daß mich der Weg hierher führen sollte! – – Sei ruhig! ich bitte dich, sei ruhig! –

Sie sind geladen – es schlägt zwölfe! – So sei's denn – Lotte! Lotte, leb wohl! Leb wohl!"

Ein Nachbar sah den Blick vom Pulver und hörte den Schuß fallen, da aber alles still blieb, achtete er nicht weiter drauf.

Blitz

Morgens um sechse tritt der Bediente herein mit dem Lichte, er findet seinen Herrn an der Erde, die Pistole und Blut. Er ruft, er faßt ihn an, keine Antwort, er röchelt nur noch. Er lauft nach den Ärzten, nach Alberten. Lotte hörte die Schelle ziehen, ein Zittern ergreift all ihre Glieder, sie weckt ihren Mann, sie stehen auf, der Bediente bringt heulend und stotternd die Nachricht, Lotte sinkt ohnmächtig vor Alberten nieder.

Als der Medikus zu dem Unglücklichen kam, fand er ihn an der Erde ohne Rettung, der Puls schlug, die Glieder waren alle gelähmt, über dem rechten Auge hatte er sich durch den Kopf geschossen, das Gehirn war herausgetrieben. Man ließ ihm zum Überflusse eine Ader am Arme, das Blut lief, er holte noch immer Atem.

Öffnung der Adern, um den Blutdruck zu senken

Aus dem Blut auf der Lehne des Sessels konnte man schließen, er habe sitzend vor dem Schreibtische die Tat vollbracht. Dann ist er heruntergesunken, hat sich konvulsivisch um den Stuhl herumgewälzt, er lag gegen das Fenster entkräftet auf dem Rücken, war in völliger Kleidung, gestiefelt, im blauen Frack mit gelber Weste.

unter Zuckungen

Das Haus, die Nachbarschaft, die Stadt kam in Aufruhr. Albert trat herein. Werthern hatte man aufs Bett gelegt, die Stirne verbunden, sein Gesicht schon wie eines Toten, er rührte kein Glied, die Lunge röchelte noch fürchterlich, bald schwach, bald stärker, man erwartete sein Ende.

Von dem Weine hatte er nur ein Glas getrunken. „Emilia Galotti“ lag auf dem Pulte aufgeschlagen.

Seite 150

Von Alberts Bestürzung, von Lottens Jammer laßt mich nichts sagen.

Der alte Amtmann kam auf die Nachricht hereingesprengt, er küßte den Sterbenden unter den heißesten Tränen. Seine ältsten Söhne kamen bald nach ihm zu Fuße, sie fielen neben dem Bette nieder im Ausdruck des unbändigsten Schmerzens, küßten ihm die Hände und den Mund, und der ältste, den er immer am meisten geliebt, hing an seinen Lippen, bis er verschieden war und man den Knaben mit Gewalt wegriß. Um zwölfe mittags starb er. Die Gegenwart des Amtmanns und seine Anstalten tischten einen Auflauf. Nachts gegen eilfe ließ er ihn an die Stätte begraben, die er sich erwählt hatte, der Alte folgte der Leiche und die Söhne. Albert vermocht's nicht. Man fürchtete für Lottens Leben. Handwerker trugen ihn. Kein Geistlicher hat ihn begleitet.

beschwichtigten, verhinderten

Seite 150

Wort- und Sacherklärungen

Werthers: Sowohl die hier wiedergegebene erste Fassung von 11
1774, als auch die zweite von 1787 verwendeten im Titel die Genitivform „Werthers". Erst für eine Ausgabe von 1824 wählte Goethe die modernere undeklinierte Form, die in allen späteren Ausgaben der zweiten Fassung übernommen wurde. Vgl. Kommentar zum Material 1, S. 151 f.

Bester Freund: Der Empfänger von Werthers Briefen, Wilhelm, 11.12
wird im Stil der Empfindsamkeit angeredet, hier als „bester Freund", später als „Schatz", „Bester", „Bruder", „Teuerster".

Herz: Werther charakterisiert sich selbst immer wieder über 11.13
sein Herz. Im Zeitalter der Empfindsamkeit wurde geglaubt, das Herz oder der Busen als Sitz des Gefühls spreche immer wahr, während der analysierende Verstand das ursprüngliche und natürliche Erleben verfälsche. Durch seine Emotionalität, nicht durch seinen Verstand, wird Werther im eigenen Selbstverständnis zum unverwechselbaren Individuum. Dieser Anspruch auf Individualität muss gegen die Einschränkung der Außenwelt verteidigt werden (vgl. Kommentar *Gesellschaft*, S. 146 f.). Gelebt wird die Innerlichkeit in den geradezu kultisch zelebrierten Freundschaftsbünden. Auch Männer nennen sich hier „Schatz" (vgl. 23.408) und beweisen ihre Sensibilität mit Tränen (vgl. 34.762). Die Vorstellung der Verbindung zwischen Menschen, die sich in einer Art Seelenverwandtschaft ohne Worte verstehen, spielt eine wichtige Rolle (vgl. 69.1895 f.). Besonders der Brief wurde zum Medium des eigenen Erlebens und Fühlens, das mit den Freunden auf diesem Weg geteilt wird. Nicht die konkrete Mitteilung, sondern der Ausdruck der innersten Empfindungen wird dabei als wichtig empfunden.

Die Epoche der *Empfindsamkeit* ist stark vom Pietismus beeinflusst, einer religiösen protestantischen Bewegung, die den Glauben durch den Blick in die eigene Seele stärken wollte. Nicht Bibel und Kirche, sondern das religiöse Erleben im eigenen Inneren wird ins Zentrum der religiösen Praxis gerückt. Diese Wendung ins eigene Innere bewirkte letztlich einen religiösen Individualismus und eine Verweltlichung des Gefühlslebens. Auf der anderen Seite wird das Weltliche zum Heiligen erhoben. Als ‚heilig' gelten nun auch die Freundschaft, die Liebe und die Kunst.

Auch ohne die *Aufklärung* ist die *Empfindsamkeit* nicht zu denken. Zwar stellt sich die *Empfindsamkeit* gegen den angeblich einseitigen Rationalismus der Aufklärung. Tatsächlich ist es aber gerade die Aufklärung, welche die Vorstellung des ‚ganzen Menschen' entwickelte, der aus Verstand *und* Gefühl besteht.

Werthers Wunsch, die Welt mit seinem Herzen, nicht mit seinem Verstand zu erobern, wurde oft mit der Haltung des Autors verwechselt. Tatsächlich enthält auch schon die erste Fassung des Romans Hinweise auf die Problematik, die mit der Verabsolutierung des Herzens einhergeht: Erstens kann man die Form des Briefromans, die nur noch einen Briefpartner, nämlich Werther, zu Wort kommen lässt, als Hinweis auf eine sehr gefährliche Versenkung ins eigene Innere, die in die völlige Isolation und schließlich in den Selbstmord führt, lesen. Werther, der sein „Herzchen wie ein krankes Kind" (15.144) hält, wird seine extreme subjektive Weltsicht zum Verhängnis. In ihm selbst, so sagt Werther am Ende, haben seine Freuden und seine Leiden ihren Ursprung. So wie sein Herz zunächst die „Quelle aller Seligkeiten war" (97.2816), ist es nun „die Quelle alles Elendes" (89.2549). Zweitens ist der Ausdruck des eigenen Gefühls nur scheinbar ein unmittelbarer. Tatsächlich ist das authentische Erleben von vielen literarischen Anspielungen durchzogen: ein Hinweis, dass sich Werther innerhalb vorgegebener Gefühls- und Verhaltensmuster bewegt. Der Bildungsverächter Werther ist nicht nur selbst ein vielseitig gebildeter Mensch; selbst in Situationen höchster Gefühlsintensität drückt er seine Gefühle mit dem Verweis auf Bücher aus, die ihrerseits Gefühl zum Thema haben (vgl. Kommentar *Literatur*, S. 141 f.).

12.41 **das böse Weib nicht gefunden, das man bei uns aus ihr macht, sie ist eine muntere, heftige Frau:** Die Gegenüberstellung von „bösem Weib" und „munterer Frau" entspricht dem heutigen Sprachgebrauch, in dem „Weib" abwertend gemeint ist. „Weib" wird hier aber an vielen Stellen, wie bis ins 18. Jh. üblich, synonym für „Frau" verwendet.

12.61 **Natur:** Schon im ersten Brief kontrastiert Werther die „unangenehme" Stadt (13.62) mit der „unaussprechlichen Schönheit der Natur" (13.63). Auch in seinen Kindheitserinnerungen an

späterer Stelle denkt Werther mit Ablehnung an den Umzug in die Stadt. Die Stadt steht für eine beengende Zivilisation, für Regeln, Gesetze und Konventionen, die den Menschen von sich selbst wegführen. Damit schließt sich Werther der Kulturkritik Jean-Jacques Rousseaus (1741–1801) an, nach der die Zivilisation den Menschen von seinen natürlichen Ursprüngen abgetrennt habe. Rousseau kritisierte die Zivilisation als Entstellung des Individuums und rief zu einer Rückbesinnung auf das Ursprüngliche auf. Der Mensch sollte sich nicht als Bezwinger, sondern als Teil der Natur fühlen. Natur wurde zum Ausdruck von Erfülltheit, unentfremdetem Dasein und der Einheit von Subjekt und Umwelt.
Das Ideal eines friedlichen Nebeneinanders von Mensch und Natur wird von Werther immer wieder in der Beschreibung von idyllischen Szenerien beschworen. Aber die vermeintlichen Idyllen erweisen sich als brüchig; am Ende des Romans sind sie zerstört. So wie sich aus dem Rückblick die Idyllen als scheinbare erweisen, wird vom Roman insgesamt das Ideal der Natürlichkeit hinterfragt. Ohne dass Werther selbst dies durchschauen würde, erweist sich seine angeblich authentische Erfahrung als literarisch vorgeprägt, etwa, wenn Werthers und Lottes Naturerlebnis im Ausruf „Klopstock!“ gipfelt (vgl. Kommentar zu Material 8, S. 168).
Natur wird in der zweiten Hälfte des 18. Jahrhunderts auch auf neue Weise als schön wahrgenommen. Man sieht nicht mehr nur ihren Nutzwert, sondern man betrachtet sie um ihrer selbst willen. Dass Werther auf einem Pflug sitzt, als er die Kinder zeichnet, zeigt, wie nun das Nutzwerkzeug zur Kulisse für die Idylle wird. So wie Natur um ihrer Schönheit willen betrachtet wird, entsteht auch ein neues Schönheitsideal, das der Natürlichkeit. Zu dieser Zeit setzt sich der englische Gartenbaustil durch, der Bäume und Sträucher nicht mehr beschneidet und sie so anordnet, dass man dem Park oder Garten seine Gestaltung nicht mehr ansehen sollte – eben solch eine Vorstellung von Landschaftsgestaltung schätzt Werther (vgl. 13.68 f.). Auch hier darf man aber nicht vergessen, dass das Ideal der Natürlichkeit immer künstlich ist. So imitiert die neue Parkgestaltung im Stil des englischen Gartens die natürliche Landschaft, inszeniert aber tatsächlich durch ihre ‚unsichtbare‘ Gestaltung von

Aussichtspunkten, Durchblicken und Ruheplätzen Atmosphären, um damit bestimmte Empfindungen des Parkbesuchers auszulösen.

Das ästhetische Naturerlebnis steht im Roman immer in Verbindung mit dem religiösen Erleben Werthers. Er empfindet sich in der Natur als lebendiges Glied einer alles umfassenden Schöpfung, hier fühlt er den Wunsch nach seelischer Selbstentgrenzung. Werthers Begeisterung für „das Wimmeln der kleinen Welt" (13.92), des kleinen Getiers um ihn herum, hat ihr Vorbild in der Naturlyrik des 18. Jahrhunderts, die in der genauen Beschreibung des Mikrokosmos zugleich den Makrokosmos und damit die göttliche Ordnung darstellen wollte.

Die Natur ist Projektionsraum für das religiöse Gefühl, aber auch allgemeiner für das eigene Selbstgefühl. Friedrich Gottlieb Klopstocks religiöse Naturdichtung, ein wichtiges Vorbild für Werther, wird von der jungen empfindsamen Generation vor allem unter diesem Aspekt – die Natur als Spiegel und Ausdruck der eigenen Gefühlswelt – gelesen und begeistert aufgenommen. In der Naturbegeisterung Werthers drückt sich der Wunsch nach freier und vollständiger Entfaltung der eigenen Persönlichkeit aus. In dem Maß, in dem er an die eigenen Grenzen stößt, erfährt Werther Natur nicht mehr als beglückend, sondern als bedrückend. Nicht mehr der allliebende Gott wird durch die Natur erfahren, sondern Natur wird zur verschlingenden, erbarmungslosen Kraft.

13.68–69 **wissenschaftlicher Gärtner:** nach französischem Stil arbeitender Gärtner. Gegen die formale französische Gartenbaukunst setzte sich im letzten Drittel des 18. Jahrhunderts der englische Landschaftsstil durch, der Bäume und Sträucher planmäßig, aber unbeschnitten wachsen ließ; die Gestaltung sollte dem Garten nicht angesehen werden (vgl. Kommentar *Natur*, S. 138–40).

13.72 **Kabinettchen:** kleiner geschlossener Raum, Nebenzimmer; hier: Gartenlaube.

13.73 **Bald werd ich Herr vom Garten sein:** vgl. Gen. 2,15: „Und Gott der Herr nahm den Menschen und setzte ihn in den Garten Eden, dass er ihn bebaute und bewahrte."

14.113–14 **Melusine mit ihren Schwestern:** weiblicher Wassergeist. In deutschen Nacherzählungen der altfranzösischen Sage ist Melusine mit ihren Schwestern in einem Brunnen gefangen.

die patriarchalische Idee: Idee vom generationsübergreifenden Zusammenleben unter der fürsorglichen Autorität des männlichen Familien- bzw. Stammesoberhauptes. 14.125

Altväter: die Patriarchen (Erzväter) sind die Familienoberhäupter des biblischen Urgeschlechts und die Stammesväter Israels; später allgemein für altehrwürdige Leute. 15.126

am Brunnen Bekanntschaft machen und freien: vgl. Gen. 24: Brautwerbung Isaaks um Rebekka; sowie Joh. 4,6 f.: Begegnung Jesu mit der Samariterin. 15.126–27

Literatur: Bücher spielen eine ebenso wichtige wie widersprüchliche Rolle im Roman. Einerseits wünscht sich Werther alle Bücher „vom Hals“ (15.134 f.) und polemisiert gegen „tote Buchstabe[n]“ (71.1960; vgl. 2 Kor. 3,6), der die Empfindungen eines Menschen nicht auszudrücken vermag und immer nur das Zeichen einer verlorenen Gegenwart ist. Andererseits ist Werther ein Vielleser. Schon das erste Gespräch mit Lotte gilt einem Buch – dem Vicar of Wakefield von Oliver Goldsmith –, dessen Lektüre Werther und Lotte vor den mitfahrenden Damen auszeichnet, die nur Trivialliteratur lesen. Kaum einen Spaziergang unternimmt Werther, ohne ‚seinen Homer‘ mitzunehmen, dessen Odyssee er als Dokument des Ursprungs der Menschheit liest, als „Wiegengesang“ (15.137). Allerdings entbehrt der Kontrast zwischen den martialischen homerischen Helden und dem schwärmerischen Natur- und Literaturliebhaber Werther nicht einer gewissen Komik. Nachdem Werther und Lotte nach dem Ende eines Gewitters ans Fenster des Ballsaals getreten sind, ruft Lotte „Klopstock“. Angesichts der Naturszenerie erinnert sie sich der Ode „Die Frühlingsfeyer“ von Klopstock, was Werther als Zeichen ihrer Nähe zueinander deutet (vgl. Kommentar zu Material 8, S. 168). Auch der tragische Höhepunkt der verhinderten Liebesgeschichte zwischen Lotte und Werther wird von einer Lektüre begleitet: Werthers Übersetzungen der Ossian-Dichtungen, die man damals für altertümliche gälische Dichtungen hielt, was sich später jedoch als Fälschung erwies. Wie Homers „Odyssee“ liest man sie als Ursprungsdokument der Menschheitsgeschichte, allerdings als tragisches, in dem der frühe Tod der Krieger von Sängern melancholisch in düsteren und nebligen Naturszenerien beklagt wird. Dies entspricht nicht nur dem resignierten Werther im 15.133

zweiten Teil des Romans, in dessen ‚Herzen' deshalb der Homer durch den Ossian ‚verdrängt' wird (vgl. 94.2719), sondern auch dem sentimentalen bürgerlichen Zeitalter. Und noch auf dem Nachttisch des Selbstmörders liegt eine Lektüre – Lessings „Emilia Galotti" – mit der die Frage nach einem moralischen Sinn des Selbstmords aufgeworfen wird.

Zwar lehnt Werther als Verfechter des natürlichen und ursprünglichen Gefühls die Bücher ab, doch sind fast alle wichtigen Momente und Empfindungen im Roman durch literarische Muster vermittelt.

15.138 **Homer:** gilt als Autor der griech. Versepen „Ilias" und „Odyssee" um 800 v. Chr.

15.142–43 **süßer Melancholie:** pathologische Form der Schwermut. Die *Empfindsamkeit* schrieb ihr inspirierende Wirkung zu.

15.149 **Kindheit:** Ursprünglichkeit und Natürlichkeit sind Kernbegriffe des Romans. Deshalb spielen Kinder und das Kindsein eine Schlüsselrolle. Die Kinder sind nach Werthers Auffassung durch Erziehung, Kultur, gesellschaftliche Konventionen noch nicht verdorben und in dieser Natürlichkeit den Erwachsenen sogar überlegen. Auch hier schließt sich Werther den Überzeugungen Rousseaus an, der in seinem Roman „Emile oder Über die Erziehung" (1762) versucht hatte, die Natürlichkeit des Kindes und seine Erziehung aufeinander abzustimmen, um letztlich eine bessere Gesellschaft zu schaffen. Die Aufwertung des Kindes hat also geradezu einen sozialutopischen Anspruch (vgl. Kommentar *Gesellschaft*, S. 146 f.).

Vor diesem Hintergrund ist es von zentraler Bedeutung, dass Werther mit Kindern spielt und dabei von den Spießern schief angesehen wird und dass er Lotte erstmals im Kreis von Kindern begegnet und sich Lotte selbst ‚Einfalt', die Eigenschaft der Kinder also, bewahrt hat, dass die Kinder Werther und Lotte mögen oder auch, dass Werther zwei Knaben zeichnet, die auf ihre Mutter warten. Auch biographisch ist die Kindheit für Werther mit Natur verknüpft. Denn erst nach dem frühen Tod des Vaters ist er mit der Mutter vom Land in die Stadt gezogen.

Dabei findet im Roman eine Überhöhung der Kindheit ins Heilige statt. Als er den Kindheitsort im zweiten Teil des Romans noch einmal besucht, fühlt er sich wie „ein Pilger im heiligen

Lande“ (88.2520) und seine Kinderliebe rechtfertigt er durch ein Christus-Zitat: „Wenn ihr nicht werdet wie eines von diesen!“ (38.879 f.)

Aber der Roman zeigt die Kinderliebe auch in einem kritischen Licht. Denn Werthers überschwängliche Kinderliebe kann die Kinder auch verstören und zum Weinen bringen wie in der Brunnenszene (vgl. Brief vom 6. Juli, S. 43–45). Auch kann das Kindliche ins Kindische umschlagen, etwa, wenn Werther sagt, er würde sein Herz halten „wie ein krankes Kind“ (15.144), also selbstbezogen, unbeherrscht und unreif ist.

die geringen Leute: die einfachen Leute; die unterste Schicht der ständisch gegliederten Gesellschaft. 15.148

Jungfer: unverheiratete bürgerliche Frau; in höflicher Anrede auch gegenüber Mädchen niederen Standes wie hier. 16.171

Gesellschaft: im Sinne von Menschen, denen ich mich verbunden fühle. 16.176

Tor: unvernünftiger Mensch. 17.201

des Genies: der Originalität, des Schöpfertums. Vgl. im Gegensatz dazu im folgenden Absatz den gelehrten jungen V., dem sein Wissen äußerlich bleibt. Nicht Regeln und Wissen bringen nach Auffassung der ‚Stürmer und Dränger‘ die großen künstlerischen Leistungen hervor, sondern die angeborene Fähigkeit, aus sich selbst zu schöpfen. 17.210

einflussreiche Kunsttheoretiker: Charles Batteux (1713–80), **Robert Wood** (1716–71), **Roger de Piles** (1635–1709), **Johann Joachim Winckelmann** (1720–68), **Johann Georg Sulzer** (1720–79), **Christian Gottlob Heyne** (1729–1812). 17.222–18.226

durch Biskuit und Kuchen und Birkenreiser: Abwandlung der Redensart „mit Zuckerbrot und Peitsche“. 19.267–68

Wahlheim: Die literarische Fiktion suggeriert hier, es würden wirklich existierende Briefe wiedergegeben, in denen nur die Originalorte abgeändert worden wären. Von vielen Lesern wurde das ‚Originale‘ allzu wörtlich mit Goethes Biographie verwechselt. Vgl. Kommentar zu Materialien 5 und 6, S. 162–65. 20.302

geilen: Die „Wasserschosse“ oder „Geiltriebe“ sind fruchtlos bleibende Triebe einer Pflanze, die vom Gärtner abgeschnitten werden. 21.343

Philister: Spießer. Der Philister ist hier der Gegentyp zum Genie 21.349

(vgl. 17.209 f.): nicht schöpferisch, sondern beschränkt, nicht genial, sondern pedantisch.

24.419 **Betstunde**: Andacht nach dem Abendessen um 18 Uhr.

26.504–05 **ein simples weißes Kleid mit blaßroten Schleifen an Arm und Brust:** Lottes schlichtes Ballkleid mit der blassroten Schleife hat es zu ähnlicher Berühmtheit gebracht, wie Werthers blauer Frack mit gelber Weste (vgl. 92.2649–53). Zusammen mit der Szene des Brotschneidens vielfach bildnerisch dargestellt (vgl. Kommentar zum Material 9, 10 und 11, S. 172).

28.574 **Miß Jenny**: Anspielung auf die Titelheldin eines empfindsamen Moderomans.

29.586–87 **Landpriester von Wakefield:** „The Vicar of Wakefield", bekannter Roman von Oliver Goldsmith (1766), der das bürgerlich-ländliche Leben – mit ironischen Untertönen – als Idylle darstellt.

30.611 **N. N.**: lat. nomen nescio: „den Namen weiß ich nicht" oder nomen nominandum: „der zu nennende Name".

30.631 **deutsch:** Der „Deutsche" war eine Art des Kontretanzes mit erweitertem Einzelpaartanz, dem Walzer.

34.759 **Klopstock:** Friedrich Gottlieb Klopstock (1724–1803) (vgl. Kommentar zum Material 2 und Kommentare *Natur*, S. 138–40, und *Literatur*, S. 141 f.)

37.840 **Penelope:** Ehefrau des Odysseus, die in dessen Abwesenheit von anderen Männern umworben wird; diese veranstalten ein üppiges Festmahl; vgl. „Odyssee", 2. Gesang, Vers 299 f. und 20. Gesang, Vers 248–256.

37.860 **dogmatische Drahtpuppe:** d.h. der sich von den gesellschaftlichen Vorurteilen leiten lässt, wie die Puppe vom Marionettenspieler.

38.879–80 **Wenn ihr nicht werdet wie eines von diesen:** vgl. Mt. 18,3: „und sprach: Wahrlich, ich sage euch: Wenn ihr nicht umkehrt und werdet wie die Kinder, so werdet ihr nicht ins Himmelreich kommen." Zugleich Anspielung auf Rousseau: „Emile oder Über die Erziehung" 1762 (vgl. Kommentar *Kindheit*, S. 142 f.).

42.1005 **Lavater:** Von Johann Kaspar Lavater (1741–1801) stammen die „Predigten über das Buch Jonas" (1773), darunter die Predigt „Mittel gegen Unzufriedenheit und üble Laune". Der seinerzeit v.a. durch seine „Physiognomischen Fragmente" (1775–78) bekannte Theologe war zur Zeit der Romanentstehung mit Goethe befreundet.

einen häßlichen Bart zu kriegen: Das Kind glaubt anscheinend, 44.1097–98
ihm würde vom Männerkuss ein Bart im Gesicht wachsen (vgl. Kommentar zu *Kindheit*, S. 142 f.).

Ossian: Sänger, Sohn des Fingal und Vater Oskars. Der Schotte 46.1147
James Macpherson veröffentlichte 1761–65 eigene Dichtungen im Stil gälischer Volksdichtung, die er als Übersetzungen alter gälischer Gesänge des erfundenen Barden Ossian ausgab. Die Gesänge gelangten zu europäischer Popularität; Goethe und seine Zeitgenossen wussten noch nicht von der Fälschung (vgl. Kommentar *Literatur*, S. 141 f.).

ewiges Ölkrüglein: vgl. 1 Kön. 17,16: „und dem Ölkrug mangel- 47.1184
te nichts nach dem Wort des Herrn, das er durch Elia geredet hatte."

der Degen abgenommen: degradiert. Die Aushändigung des 48.1200–01
Degens als Rangwaffe der Offiziere und Kavaliere bedeutete Degradierung bzw. die Unterwerfung unter den Feind.

Bononischen Stein: Stein mit phosphoreszierender Wirkung, 49.1249
entdeckt von einem Schuster aus Bologna, deshalb Bononischer oder Bologneser Stein genannt.

Schattenriß: Abbildung des Kopf- oder Körperumrisses als 50.1294
Schattenbild bzw. Silhouette. Das Verschenken von Schattenrissen als Zeichen der Freundschaft war im ausgehenden 18. Jahrhundert sehr beliebt. Beigetragen hat dazu die seinerzeit prominente Lehre Lavaters (vgl. 42.1005), nach der ein schönes Profil mit einer schönen Seele gleichzusetzen war. Schattenrisse galten ihm gegenüber Zeichnungen als die objektivere Grundlage zur Beurteilung des menschlichen Charakters, den er aus den Gesichtszügen meinte ableiten zu können.

Märchen vom Magnetberg: enthalten in „Märchen aus tausend- 51.1308
undeiner Nacht" auch in indischen und chinesischen Märchen, im Gudrunlied und im „Volksbuch" von Herzog Ernst.

Ladstock: Stab zum Einführen der Ladung in den Lauf des Vor- 55.1458
derladers.

Barbierer: Barbier bzw. Friseur, der auch als Wundarzt arbeitete. 55.1462

Wer hebt den ersten Stein: vgl. Joh. 8,7: „Wer unter euch ohne 57.1498
Sünde ist, der werfe den ersten Stein auf sie."

Pedanten: Ein Pedant ist ein kleinlich an äußerlichen und un- 57.1504
wesentlichen Dingen haftender Mensch; hier im übertragenen Sinn auf die Gesetze bezogen.

57.1513 **wie der Priester:** vgl. Lk. 10,31: „Es traf sich aber, daß ein Priester dieselbe Straße hinabzog; und als er ihn [den Verwundeten] sah, ging er vorüber."

57.1514 **Pharisäer:** vgl. Lk. 18,11 „Der Pharisäer stand für sich und betete so: Ich danke dir, Gott, daß ich nicht bin wie die andern Leute."

58.1540–43 **Gesellschaft:** Der natürlichste Zustand ist für Werther zugleich der sozialste Zustand. Die Kinder sind die besseren Menschen (vgl. Kommentar *Kindheit*, S. 142 f.). In der Odyssee bewirtet Eumaios der Schweinehirt den als Bettler verkleideten Odysseus. Die ländliche Szene am Brunnen erinnert Werther an ein alttestamentarisches Idyll, in dem auch die Töchter der Könige Wasser holen. In der Familie Lottes erkennt er die Muster des menschlichen Füreinanders. In allen diesen Szenen schwebt ihm die Utopie einer nicht ständisch organisierten Gesellschaft vor. Meist sind es kleine und altertümliche Formen der Gemeinschaft, die Werther gegen die Degeneration der zeitgenössischen, ‚großen' Gesellschaft ausspielt.

Zu dieser zählt die hohle und konventionsgeleitete Schicht des Adels, in der er sich selbst wie eine „Marionette" (79.2231) fühlt. Er erfährt in dieser ihm „fatalen" Umgebung demütigend, was es in der feudalen Gesellschaft heißt, ein Bürgerlicher zu sein, als er ein Fest verlassen muss, weil er nicht zum Adel gehört. Werthers Leiden unter der „Einschränkung" – ein häufig verwendetes Wort – richtet sich aber nicht nur gegen die ständischen Strukturen, sondern grundsätzlich gegen das gesellschaftliche Leben als eine vom Wesentlichen entfremdete Daseinsform. Die Behauptung der eigenen Individualität wird als Widerspruch zur Gesellschaft aufgefasst. Die bürgerliche Gesellschaft wird mit den Regeln in der Kunst gleichgesetzt (vgl. 21.333 f.): Beide beengen die schöpferische Selbstentfaltung des Einzelnen. Der Philister, der selbst mit der Liebe haushälterisch umgeht, verkörpert die Verinnerlichung solcher gesellschaftlicher Konventionen.

Der Sehnsucht nach einem gesellschaftlichen Zustand, in dem die Menschen noch nicht ihre Unschuld verloren haben und in Eintracht mit sich und der Natur ein unentfremdetes Leben führten, hatte im 18. Jahrhundert Rousseau das Stichwort gegeben. Hinter der Idealisierung eines vergangenen Zustands

verbarg sich vor allem eine Kritik an der gegenwärtigen Gesellschaft. Auch Werther steht im Gefolge dieser rousseauschen Kulturkritik.
Goethe selbst sah im Rückblick das Aufbegehren Werthers gegen die gesellschaftlichen Beschränkungen als Lebensphase, die jeder Mensch mit dem Drang, sich selbst frei zu entfalten, einmal erleben müsse: „Die viel besprochene Wertherzeit gehört, wenn man es näher betrachtet, freilich nicht dem Gang der Weltkultur an, sondern dem Lebensgange jedes einzelnen, der mit angeborenem freiem Natursinn sich in die beschränkenden Formen einer veralteten Welt finden und schicken lernen soll. Gehindertes Glück, gehemmte Tätigkeit, unbefriedigte Wünsche sind nicht Gebrechen einer besonderen Zeit, sondern jedes einzelnen Menschen, und es müßte schlimm sein, wenn nicht jeder einmal in seinem Leben eine Epoche haben sollte, wo ihm der ‚Werther' käme, als wäre er bloß für ihn geschrieben." (in: Johann Peter Eckermann: Gespräche mit Goethe in den letzten Jahren seines Lebens, 2.1.1824, S. 491). Damit hat Goethe zwar der Rezeption seines Buches als Darstellung eines immer gleichen Generationskonflikts Vorschub geleistet, ihm aber auch die sozialkritische Pointe genommen.

Krankheit zum Tode: vgl. Joh. 11,4 „Da Jesus das hörte, sprach er: Diese Krankheit ist nicht [!] zum Tode, sondern zur Verherrlichung Gottes." 59.1574

Säfte: im Sinne von: Lebenskräfte; Vorstellung steht in Zusammenhang mit den antiken und mittelalterlichen Säftelehren. 61.1642

das Hauptstückchen von der Prinzessin, die von Händen bedient wird: aus dem Märchen „La chatte blanche" aus den „Contes de Fées" von Marie Cathérine Jumelle de Berneville (ca. 1650–1705). Im Märchen wird die Prinzessin von Händen bedient, die aus der Zimmerdecke wachsen. 62.1670

Duodez: spezielles kleines Buchformat; ein Druckbogen wird in 12 Blatt, also 24 Seiten gefalzt. 66.1808

der kleine Wetsteinische Homer: die zweibändige griech.-lat. Homer-Ausgabe des Amsterdamer Buchdruckers J. H. Wetstein; leichter und handlicher als die „Ernestische" Ausgabe. 66.1809

Ernestischen: die fünfbändige griech.-lat. Leipziger Ausgabe des Homer von J. A. Ernesti im Oktav (also achtfach gefalzter Bogen, der 16 Seiten ergibt). 66.1811

68.1866 **das härne Gewand:** die aus Tierhaaren gefertigte, grobe Bekleidung der Einsiedler und Büßer.

68.1866 **Stachelgürtel:** Instrument der Kasteiung, Selbstgeißelung.

73.2047 **unter dem Volke:** hier nicht das ‚einfache Volk', sondern die Sorte Mensch, mit der Werther als Mitarbeiter des Gesandten umgeht.

75.2097 **Partikel:** flexionsloses unveränderliches Wort (z.B. Präpositionen); hier allgemeiner: Ausdruck.

75.2099 **Inversionen:** Umstellung der gewöhnlichen Wortstellung im Satz, um ein Wort besonders zu betonen. Im *Sturm und Drang* ist die Inversion als Ausdruck von Unmittelbarkeit und Unkonventionalität ein häufiges Stilmittel.

76.2121 **Belletristen:** Schöngeistern, Verfassern leichter Unterhaltungsliteratur; „belles lettres": schöne Literatur.

76.2131 **spanische Dörfer:** entspricht der heutigen Redensart „böhmische Dörfer": Dinge, von denen man nichts versteht.

76.2140 **das glänzende Elend:** Der Mystiker Gerhard Tersteegen (1697–1769) verwendet diese Formulierung für die Geld- und Prunksucht.

78.2188–90 **das eh'rne Jahrhundert mit ihr zubrachte und starb, und nun sieht sie im eisernen sich allein:** Übertragung der antiken Vorstellung der Weltalter auf das individuelle Menschenleben (vgl. etwa Hesiod oder Ovid): Nach goldenem und silbernem Zeitalter folgt das eherne (= erzene) Zeitalter der Kriege (hier: die Ehejahre) und das eiserne Zeitalter (hier: die Witwenjahre).

79.2228 **Raritätenkasten:** auch: Guckkasten, d.i. ein Apparat, in dem der Betrachter Bilder mit täuschend echter perspektivischer Weite sehen kann, eine beliebte Jahrmarktsattraktion.

82.2336 **Franz des Ersten:** Franz I. wurde 1745 zum deutschen Kaiser gekrönt, Baron F. trägt also eine 27 Jahre alte Kleidung.

82.2337 **in qualitate:** seinem Ansehen nach: nicht als Hofrat, sondern als Mitglied des Adels.

83.2361 **Ulyß**: vgl. 14. Gesang der „Odyssee", wo der als Bettler verkleidete Odysseus vom Schweinehirten Eumaios gastfreundlich empfangen wird, ohne von diesem erkannt worden zu sein.

85.2442 **Bring das meiner Mutter in einem Säftchen bei:** im Sinne von: bring es meiner Mutter schonend bei; von redensartlich: eine bittere Pille versüßen.

92.2649–53 **blauen einfachen Frack ... Hosen dazu:** zur Kleidung Werthers, die selbst zu einem Markenzeichen der Figur geworden ist, vgl. 26.504–05 und den Kommentar zu Material 9, 10 u. 11, S. 172.

Kanon: die offiziell anerkannten Bücher der Bibel. 93.2686

Lavaters Schwärmereien: hier sind wohl Lavaters „Aussichten in die Ewigkeit" gemeint. 93.2688

Vertreter aufklärerischer Theologie: Benjamin Kennicot (1718–1783), **Johann Salomo Semler** (1725–1791), **Johann David Michaelis** (1717–1791). 93.2697–98

Religion: Werthers Geschichte ist auch die Geschichte eines Ringens um Gott. Zu Beginn des Romans erfährt Werther in der Natur die Gegenwart Gottes. In der Natur fühlt sich Werther als Teil eines unendlichen Ganzen. Auch am Ende, als Werther sich abgeschnitten von der Natur findet, leidet er unter der Abwesenheit Gottes – ohne deshalb an seiner Existenz zu zweifeln. 98.2862

Dass Werther seine religiösen Erfahrungen nicht bei der Bibellektüre oder in der Kirche, sondern im von der Natur gespiegelten eigenen Inneren macht (vgl. Kommentar *Natur*, S. 138 f.), hängt mit der pietistischen Vorstellung von Frömmigkeit zusammen. Diese richtet ihre Aufmerksamkeit besonders auf das eigene Fühlen und Empfinden (vgl. Kommentar *Herz*, S. 137 f.). So kommt es, dass Werthers individuelle Liebe zu Lotte religiöse Züge annehmen kann. Auch der Pantheismus, der Gott mit der Natur identifiziert, spielt eine Rolle für die „Heiligung" der Natur, allerdings bleibt im Roman immer der Glaube an einen personalen Gott erkennbar. Ebenso hat der christliche Glaubenssatz, dass es ein Leben nach dem Tod gibt, für Werther Bestand, wie im letzten Gespräch mit Lotte vor Werthers Flucht deutlich wird.

Gegen Ende des Romans häufen sich die Bibelanspielungen, in denen sich Werther in der Nachfolge Christi imaginiert (vgl. den Brief vom 15. November, S. 98 f.). Die teilweise eigenwillig veränderten Zitate aus der Bibel parallelisieren Werther und Christus in ihrem Leidensweg, in ihrem Selbsterlösungsstreben und in der Rolle des leidenden Gerechten.

die ihm der Vater gegeben hat: vgl. Joh. 6,44: „Es kann niemand zu mir kommen, es sei denn, ihn ziehe der Vater, der mich gesandt hat, und ich werde ihn auferwecken am Jüngsten Tage"; sowie Joh. 6,65: „Und er sprach: Darum habe ich euch gesagt: Niemand kann zu mir kommen, es sei ihm denn vom Vater ge- 98.2869 geben"; sowie Joh. 17,24: „Vater, ich will, daß, wo ich bin, auch die bei mir seien, die du mir gegeben hast."

99.2778–79 **Und war der Kelch dem Gott vom Himmel auf seiner Menschenlippe zu bitter:** vgl. Mt. 26,39: „Mein Vater ist's möglich, so gehe dieser Kelch an mir vorüber."

99.2890 **Mein Gott! Mein Gott! warum hast du mich verlassen?:** vgl. Mt. 27,46: „Mein Gott, mein Gott, warum hast du mich verlassen?"

99.2893 **der die Himmel zusammmenrollt wie ein Tuch:** vgl. Ps. 104,2: „Du breitest den Himmel aus wie einen Teppich."

117.3486 **Stern der dämmernden Nacht:** Anfang von Ossians „Songs of Selma", von Goethe übersetzt. Die nachfolgenden Gesänge sind vom Motiv des Weiterlebens der Toten in den sie preisenden Liedern durchzogen.

129.3859 **Geh zu meinem Vater:** vgl. Joh. 14,12: „denn ich gehe zum Vater"; sowie Joh. 14,28: „Hättet ihr mich lieb, so würdet ihr euch freuen, dass ich zum Vater gehe."

133.4017 **meine Leiche zu schützen:** Selbstmörder wurden gewöhnlich nicht christlich bestattet, oft nicht einmal auf dem Friedhof beigesetzt, da der Freitod als schwere Sünde galt (vgl. Kommentar zu den Materialien 2, 3 und 4, S. 158.).

134.4023–24 **Priester und Levite vor dem bezeichnenden Steine sich segnend vorüberging:** vgl. Lk. 10,31–33. Priester und Levit (Priester aus dem Stamme der Levi) gehen an einem Hilfebedürftigen vorbei, nur ein Samariter (Einwohner Samarias) hilft ihm. Dieses biblische Bild der Nächstenliebe jenseits der orthodoxen Repräsentanten der Religion greift Werther auf.

134.4026–27 **Ich schaudere nicht, den kalten schröcklichen Kelch zu fassen:** Vgl. Joh. 18,11: „Soll ich den Kelch nicht trinken, den mir mein Vater gegeben hat?"

135.4085–86 **Emilia Galotti:** 1772 erschienenes Trauerspiel von Gotthold Ephraim Lessing. Dessen bürgerliche Heldin lässt sich von ihrem Vater töten, um den unlauteren Begehrlichkeiten des Prinzen auf sie, aber auch der eigenen Schwäche nicht zu erliegen.

136.4098–4102 **Nachts gegen eilfe … Kein Geistlicher hat ihn begleitet.:** Das Begräbnis zu später Stunde war üblich, ebenfalls die Begleitung des Sargs durch Gesellen einer Handwerkerzunft. Die Kirche versagte Selbstmördern das ‚letzte Geleit'; vgl. Kommentar zu den Materialien 2, 3 und 4, S. 158.

Materialien

Entstehungsgeschichte
Material 1

Briefe vom 30. Mai und 4. September, sowie Auszüge aus dem Herausgeberber cht aus der zweiten Fassung der „Leiden des jungen Werther" (in: Werke Goethes. Hg. von der Deutschen Akademie der Wissenschaften zu Berlin. Die Leiden des jungen Werthers. Berlin 1954, S. 16–18, 93–96, 118–121)

Die Entstehungsgeschichte des Romans ist kompliziert. Nach der ersten, anonym erschienenen Auflage 1774 im Weygandschen Verlag erschienen dort im selben Jahr noch zwei weitere, um einige Druckfehler bereinigte Nachdrucke. Es folgte 1775 eine „zweyte ächte Auflage" im selben Verlag, die einige Erweiterungen des Textes enthielt. Noch im selben Jahr erschienen mehrere Raubdrucke des Romans, gegen die kaum vorzugehen war, da die Autorschaft zu dieser Zeit in Deutschland noch nicht urheberrechtlich geschützt war. Besonders die unautorisierte Ausgabe des Verlegers Christian Friedrich Himburg sollte für die weitere Geschichte des Textes wichtig werden. Himburg nahm verschiedene stilistische Veränderungen am Text vor, die in den folgenden Ausgaben von 1777 und 1779 noch um verschiedene Druckfehler vermehrt wurden. Eben die dritte Auflage der Himburgschen Ausgabe verwendete Goethe nun aber – in Ermangelung eines anderen Exemplars – als Grundlage seiner Überarbeitung von 1787. Die zweite Fassung beruht also auf einem zweifelhaften Ausgangsmaterial. Spekulationen, welche Veränderungen Goethe bewusst, welche unbewusst übernommen hat, haben zu einer Vielzahl von Versuchen der Rekonstruktion eines ‚authentischen' Textes geführt. Wichtig ist, dass die zweite Romanfassung immer schon als Teil der Rezeptionsgeschichte des Romans gesehen werden muss. Die zweite Fassung enthält neben stilistischen Glättungen, die den typischen Stil des Sturm und Drang eliminieren (Apostrophierungen, Verkürzungen, Satzumstellungen, Kraftausdrücke, Modewörter), auch starke Eingriffe in die inhaltliche Konzeption. Dazu gehören verschiedene neue Briefe und Berichte, die in drei Teilen an Anfang, Mitte und Ende des Romans eingefügt sind. Sie bilden die sog. ‚Bauernburschenepisode'. Die Spiegelung von Werthers Schicksal in dem des Bauernburschen gehört zu den objektivierenden Tendenzen der zweiten Fassung, welche die distanzlose Identifikation mit Werther erschwert. Der aufmerksame Leser findet allerdings auch schon in der ersten Fassung solche sich wechselseitig kommentierenden Parallelgeschichten, etwa die des an der Liebe zu Lotte wahnsinnig gewordenen Schreibers (Briefe vom 30.11., S. 100–04, und 1.12., S. 104) oder die des in den Selbstmord getriebenen Mädchens (Brief vom 12.10., S. 94–95).

am 30. May.

Was ich dir neulich von der Mahlerei sagte, gilt gewiß auch von der Dichtkunst; es ist nur daß man das vortreffliche erkenne und es auszusprechen wage, und das ist freylich mit wenigem viel gesagt. Ich habe heut eine Scene gehabt, die, rein abgeschrieben die schönste Idylle von der Welt gäbe; doch was soll Dichtung, Scene und Idylle? muß es denn immer geboßelt seyn, wenn wir Theil an einer Naturerscheinung nehmen sollen?

Wenn du auf diesen Eingang viel Hohes und Vornehmes erwartest, so bist du wieder übel betrogen; es ist nichts als ein Bauerbursch, der mich zu dieser lebhaften Theilnehmung hingerissen hat – ich werde, wie gewöhnlich, schlecht erzählen, und du wirst mich, wie gewöhnlich, denk ich, übertrieben finden; es ist wieder Wahlheim, und immer Wahlheim das diese Seltenheiten hervorbringt.

Es war eine Gesellschaft draussen unter den Linden Caffee zu trinken. Weil sie mir nicht ganz anstand, so blieb ich unter einem Vorwande zurück.

Ein Bauerbursch kam aus einem benachbarten Hause und beschäftigte sich an dem Pfluge, den ich neulich gezeichnet hatte, etwas zurecht zu machen. Da mir sein Wesen gefiel, redete ich ihn an, fragte nach seinen Umständen, wir waren bald bekannt, und wie mir's gewöhnlich mit dieser Art Leuten geht, bald vertraut. Er erzählte mir, daß er bey einer Wittwe in Diensten sey und von ihr gar wohl gehalten werde. Er sprach so vieles von ihr und lobte sie dergestalt, daß ich bald merken konnte, er sey ihr mit Leib und Seele zugethan. Sie sey nicht mehr jung, sagte er, sie sey von ihrem ersten Mann übel gehalten worden, wolle nicht mehr heirathen und aus seiner Erzählung leuchtete so merklich hervor, wie schön, wie reizend sie für ihn sey, wie sehr er wünsche, daß sie ihn wählen möchte, um das Andenken der Fehler ihres ersten Mannes auszulöschen, daß ich Wort für Wort wiederholen müßte, um dir die reine Neigung, die Liebe und Treue dieses Menschen anschaulich zu machen. Ja, ich müßte die Gabe des größten Dichters besitzen, um dir zugleich den Ausdruck seiner Geberden, die Harmonie seiner Stimme, das heimliche Feuer seiner Blicke lebendig darstellen zu können. Nein, es sprechen keine Worte die Zartheit aus, die in seinem ganzen Wesen und Ausdruck war; es ist alles nur plump, was ich wieder vorbringen könnte. Besonders rührte mich, wie er fürchtete, ich möchte über sein Verhältniß zu ihr ungleich denken und an ihrer guten Aufführung zweifeln. Wie reizend es war, wenn er von ihrer Gestalt, von ihrem Körper sprach, der ihn ohne jugendliche Reize gewaltsam an sich zog und fesselte, kann ich mir nur in meiner innersten Seele wiederhohlen. Ich hab in meinem Leben die dringende Begierde und das heiße sehnliche Verlangen nicht in dieser Reinheit gesehen, ja wohl kann ich sagen, in dieser Reinheit nicht gedacht und geträumt. Schelte mich nicht, wenn ich dir sage, daß bey der Erinnerung dieser Unschuld und Wahrheit mir die innerste Seele glüht und daß mich das Bild dieser Treue und Zärtlichkeit überall verfolgt, und daß ich, wie selbst davon entzündet, lechze und schmachte.

Ich will nun suchen, auch sie ehstens zu sehn, oder vielmehr, wenn ichs recht bedenke, ich wills vermeiden. Es ist besser, ich sehe sie durch die Augen ihres Liebhabers; vielleicht erscheint sie mir vor meinen eignen Augen nicht so, wie sie jetzt vor mir steht, und warum soll ich mir das schöne Bild verderben?

am 4. Sept.

Ja, es ist so. Wie die Natur sich zum Herbste neigt, wird es Herbst in mir und um mich her. Meine Blätter werden gelb und schon sind die Blätter der benachbarten Bäume abgefallen. Hab ich dir nicht einmal von einem Bauerburschen geschrieben gleich da ich herkam? Jetzt erkundigte ich mich wieder nach ihm in Wahlheim; es hieß, er sey aus dem Dienste gejagt worden, und niemand wollte was weiter von ihm wissen. Gestern traf ich ihn von ohngefähr auf dem Wege nach einem andern Dorfe, ich redete ihn an und er erzählte mir seine Geschichte, die mich doppelt und dreyfach gerührt hat wie du leicht begreifen wirst, wenn ich dir sie wieder erzähle. Doch wozu das alles, warum behalt' ich nicht für mich, was mich ängstigt und kränkt? warum betrüb' ich noch dich? warum geb' ich dir immer Gelegenheit, mich zu bedauren und mich zu schelten. Seys denn, auch das mag zu meinem Schicksal gehören!

Mit einer stillen Traurigkeit, in der ich ein wenig scheues Wesen zu bemerken schien, antwortete der Mensch mir erst auf meine Fragen; aber gar bald offner als wenn er sich und mich auf einmal wieder erkennte, gestand er mir seine Fehler, klagte er mir sein Unglück. Könnt' ich dir, mein Freund, jedes seiner Worte vor Gericht stellen! Er bekannte, ja er erzählte mit einer Art von Genuß und Glück der Wiedererinnerung, daß die Leidenschaft zu seiner Hausfrau sich in ihm tagtäglich vermehrt, daß er zuletzt nicht gewußt habe was er thue, nicht, wie er sich ausdruckte, wo er mit dem Kopfe hin gesollt? Er habe weder essen noch trinken, noch schlafen können, es habe ihm an der Kehle gestockt, er habe gethan, was er nicht thun sollen, was ihm aufgetragen worden hab' er vergessen, er sey als wie von einem bösen Geist verfolgt gewesen, bis er eins Tags, als er sie in einer obern Kammer gewußt, ihr nachgegangen, ja vielmehr ihr nachgezogen worden sey; da sie seinen Bitten kein Gehör gegeben, hab' er sich ihrer mit Gewalt bemächtigen wollen, er wisse nicht wie ihm geschehen sey, und nehme Gott zum Zeugen, daß seine Absichten gegen sie immer redlich gewesen, und daß er nichts sehnlicher gewünscht, als daß sie ihn heirathen, daß sie mit ihm ihr Leben zubringen möchte. Da er eine Zeitlang geredet hatte, fing er an zu stocken, wie einer, der noch etwas zu sagen hat, und sich es nicht herauszusagen getraut; endlich gestand er mir auch mit Schüchternheit, was sie ihm für kleine Vertraulichkeiten erlaubt, und welche Nähe sie ihm vergönnet. Er brach zwey- dreymal ab und wiederhohlte die lebhaftesten Protestationen, daß er das nicht sage, um sie schlecht zu machen, wie er sich ausdrückte, daß er sie liebe und schätze wie vorher, daß so etwas nicht über seinen Mund gekommen sey, und daß er es mir nur sage um mich zu überzeugen, daß er kein ganz verkehrter und unsinniger Mensch sey – Und hier, mein Bester fang' ich mein altes Lied wieder an, das ich ewig anstimmen werde: könnt' ich dir den Menschen vorstellen, wie er vor mir stand, wie er noch vor mir steht! Könnt' ich dir alles recht sagen, damit du fühltest wie ich an seinem Schicksale Theil nehme, Theil nehmen muß! Doch genug, da du auch mein Schicksal kennst, auch mich kennst, so weißt du nur zu wohl, was mich zu allen Unglücklichen, was mich besonders zu diesem Unglücklichen hinzieht. Da ich das Blatt wieder durchlese seh' ich, daß ich das Ende der Geschichte zu erzählen vergessen habe, das sich aber leicht hinzu denken läßt. Sie erwehrte sich sein; ihr Bruder kam dazu, der ihn schon lange gehaßt, der ihn schon lange aus dem Hause gewünscht hatte, weil er fürchtet, durch eine neue Heirath der Schwester werde seinen Kindern die Erbschaft entgehn, die ihnen jetzt, da sie kinderlos ist, schöne Hoffnungen gibt; dieser habe ihn gleich zum Hause hinaus gestoßen und einen solchen lärm von der Sache gemacht, daß die Frau, auch selbst wenn sie gewollt, ihn nicht wieder hätte aufnehmen können. Jetzt habe sie wieder einen andern Knecht genommen, auch über den, sage man, sei sie mit dem Bruder zerfallen und man behaupte für gewiß, sie werde ihn heirathen, aber er sey fest entschlossen das nicht zu erleben.

Was ich dir erzähle, ist nicht übertrieben, nichts verzärtelt, ja ich darf wohl sagen, schwach schwach hab' ich's erzählt und vergröbert hab ichs, indem ichs mit unsern hergebrachten sittlichen Worten vorgetragen habe.

Diese Liebe, diese Treue, diese Leidenschaft, ist also keine dichterische Erfindung. Sie lebt, sie ist in ihrer größten Reinheit unter der Classe von Menschen, die wir ungebildet, die wir roh nennen. Wir gebildeten – zu nichts verbildeten, lies die Geschichte mit Andacht, ich bitte dich. Ich bin heute still, indem ich das hinschreibe; du siehst an meiner Hand, daß ich nicht so strudele und sudele wie sonst. Lies mein Geliebter und denke dabey, daß es auch die Geschichte deines Freundes ist. Ja, so ist mirs gegangen, so wird mirs gehn, und ich bin nicht halb so brav, nicht halb so entschlossen, als der arme Unglückliche, mit dem ich mich zu vergleichen mich fast nicht getraue.

Er trat in die Thür, fragte nach dem Alten und nach Lotten, er fand das Haus in einiger Bewegung. Der ältste Knabe sagte ihm, es sey drüben in Wahlheim ein Unglück geschehn, es sey ein

Bauer erschlagen worden! – Es machte das weiter keinen Eindruck auf ihn. – Er trat in die Stube und fand Lotten beschäftigt, dem Alten zuzureden, der ohngeachtet seiner Krankheit hinüber wollte, um an Ort und Stelle die That zu untersuchen. Der Thäter war noch unbekannt, man hatte den Erschlagenen des Morgens vor der Hausthür gefunden, man hatte Muthmaßungen: der Entleibte war Knecht einer Wittwe, die vorher einen andern im Dienste gehabt, der mit Unfrieden aus dem Hause gekommen war.

Da Werther dieses hörte, fuhr er mit Heftigkeit auf. Ists möglich! rief er aus, ich muß hinüber, ich kann nicht einen Augenblick ruhn. Er eilte nach Wahlheim zu, jede Erinnerung ward ihm lebendig und er zweifelte nicht einen Augenblick, daß jener Mensch die That begangen, den er so manchmal gesprochen, der ihm so werth geworden war.

Da er durch die Linden mußte, um nach der Schenke zu kommen, wo sie den Körper hingelegt hatten, entsetzt' er sich vor dem sonst so geliebten Platze. Jene Schwelle worauf die Nachbarskinder so oft gespielt hatten, war mit Blut besudelt. Liebe und Treue, die schönsten menschlichen Empfindungen hatten sich in Gewalt und Mord verwandelt. Die starken Bäume standen ohne Laub und bereift, die schönen Hecken, die sich über die niedrige Kirchhofmauer wölbten, waren entblättert und die Grabsteine sahen mit Schnee bedeckt durch die Lücken hervor. Als er sich der Schenke näherte, vor welcher das ganze Dorf versammlet war, entstand auf einmal ein Geschrey. Man erblickte von fern einen Trupp bewaffneter Männer, und ein jeder rief, daß man den Thäter herbeyführe. Werther sah hin und blieb nicht lange zweifelhaft. Ja! es war der Knecht, der jene Wittwe so sehr liebte, den er vor einiger Zeit mit dem stillen Grimme, mit der heimlichen Verzweiflung umhergehend, angetroffen hatte.

Was hast du begangen, Unglücklicher! rief Werther aus, indem er auf den Gefangenen losging. Dieser sah ihn still an, schwieg und versetzte endlich ganz gelassen: Keiner wird sie haben, sie wird keinen haben. Man brachte den Gefangenen in die Schenke und Werther eilte fort.

Durch die entsetzliche gewaltige Berührung war alles, was in seinem Wesen lag, durcheinander geschüttelt worden. Aus seiner Trauer, seinem Mißmuth, seiner gleichgültigen Hingegebenheit, wurde er auf einen Augenblick herausgerissen; unüberwindlich bemächtigte sich die Theilnehmung seiner und es ergriff ihn eine unsägliche Begierde den Menschen zu retten. Er fühlte ihn so unglücklich, er fand ihn als Verbrecher selbst so schuldlos, er setzte sich so tief in seine Lage, daß er gewiß glaubte auch andere davon zu überzeugen. Schon wünschte er für ihn sprechen zu können, schon drängte sich der lebhafteste Vortrag nach seinen Lippen, er eilte nach dem Jagdhause, und konnte sich unterwegs nicht enthalten alles das was er dem Amtmann vorstellen wollte, schon halb laut auszusprechen.

Als er in die Stube trat, fand er Alberten gegenwärtig, dieß verstimmte ihn einen Augenblick; doch faßte er sich bald wieder und trug dem Amtmanne feurig seine Gesinnungen vor. Dieser schüttelte einigemal den Kopf, und obgleich Werther mit der größten Lebhaftigkeit, Leidenschaft und Wahrheit, alles vorbrachte, was ein Mensch zur Entschuldigung eines Menschen sagen kann; so war doch, wie sichs leicht denken läßt, der Amtmann dadurch nicht gerührt. Er ließ vielmehr unsern Freund nicht ausreden, widersprach ihm eifrig und tadelte ihn, daß er einen Meuchelmörder in Schutz nehme! er zeigte ihm daß auf diese Weise jedes Gesetz aufgehoben, alle Sicherheit des Staats zu Grund gerichtet werde, auch, setzte er hinzu, daß er in einer solchen Sache nichts thun könne ohne sich die größte Verantwortung aufzuladen, es müsse alles in der Ordnung, in dem vorgeschriebenen Gang gehen.

Werther ergab sich noch nicht, sondern bat nur, der Amtmann möchte durch die Finger sehn, wenn man dem Menschen zur Flucht behülflich wäre! Auch damit wies ihn der Amtmann ab. Albert, der sich endlich ins Gespräch mischte, trat auch auf des Alten Seite: Werther wurde überstimmt und mit einem entsetzlichen Leiden machte er sich auf den Weg, nachdem ihm der Amtmann einigemal gesagt hatte: Nein, er ist nicht zu retten!

Wie sehr ihm diese Worte aufgefallen seyn müssen, sehn wir aus einem Zettelchen, das sich unter seinen Papieren fand, und das gewiß an dem nähmlichen Tage geschrieben worden:

„Du bist nicht zu retten Unglücklicher! ich sehe wohl daß wir nicht zu retten sind.“

Zeitgenössische Rezensionen

Bald nach Erscheinen des Buches brach ein regelrechtes Wertherfieber aus: Junge Männer und Frauen veranstalteten Wallfahrten zu den Stätten, wo Werther gelebt haben sollte, die Werthertracht und ein Parfum namens „Eau de Werther" wurden Mode. Eine ganze Generation imitierte den Wertherstil in ihren eigenen Briefen und identifizierte sich rückhaltlos mit Werthers Leiden an der Welt. Die Auswüchse der Rezeption trugen sicherlich zu einer Polarisierung in der öffentlichen Wahrnehmung des Romans bei. Vehemente Kritiker forderten, das Buch wegen seiner schädlichen Einflüsse auf die Jugend zu verbieten. Angeblich gab es zahlreiche durch die Romanlektüre ausgelöste Selbstmorde. Aus diesem Grund wurde in Leipzig die Lektüre des Romans bei Geldstrafe verboten – was wiederum zum Erfolg des Buches beigetragen haben dürfte. Besonderen Stellenwert in der zeitgenössischen Diskussion damals hatte der Selbstmord Werthers, der zuvor im Gespräch mit Albert von diesem sogar als moralisches Recht des Einzelnen eingeklagt wird. Skandalös war, dass im Roman keine ausdrückliche Verurteilung des Selbstmordes stattfand. Der zweiten Auflage der ersten Fassung stellte Goethe als Reaktion ein Motto voran, das mit dem folgenden Vers endet: „Sei ein Mann und folge mir nicht nach." In späteren Auflagen wurde das Motto allerdings nicht mehr verwendet und in Goethes später „Trilogie der Leidenschaft" heißt es über Werther: „Zum Bleiben ich, zum Scheiden du erkoren,/Gingst du voran – und hast nicht viel verloren".

Material 2

Anonym: Schwacher jedoch wohlgemeynter Tritt vor dem Riß, neben oder hinter Herrn Pastor Goeze, gegen die Leiden des jungen Werthers und dessen ruchlose Anhänger (Auszug) (in: Klaus Scherpe: Werther und Wertherwirkung. Zum Syndrom bürgerlicher Gesellschaftsordnung im 18. Jahrhundert. Bad Homburg v. d. H., Berlin, Zürich 1970, S. 7–9 [Anhang 3])

Die Feigen loben das Buch, weil Werther, wie sie sagten, Muth gehabt hätte, sich zu erschiessen; damit man glauben sollte, sie besäßen ebenfalls welchen. Dem Ehrgeitzigen und Stolzen gefiel es, daß Werthern die Beleidigung in der Assemblee verdroß, und dem stolzen Adel, wenigstens dem kleinen Theil, der deutschen Büchern, die Gnade sie zu lesen erzeigt, war es ein Vergnügen, daß W. aus der Assemblee gewiesen wurde. Welche Nahrung findet der Ungläubige nicht in dem Buche! Der letzte Zug: und kein Geistlicher folgte ihm, ist recht hämisch. In dem Augenblick, da man ihn gelesen, verblendet der Teufel so die Sinne, daß man schwören sollte, die ganze Geistlichkeit stände da, und wäre gebrandmarket.

Man bedenke, welche Gährung das Buch in denen Herzen und Köpfen angerichtet hat, welche von Platonischer verliebter Schwärmerey verstimmt sind, oder, wie Herr Goeze sich philosophisch ausdrückt, einer leeren Abstraction ergeben sind. Dem Mädchen gefällt die Treue und Beharrlichkeit des liebewarmen Werthers. Der Wunsch, einen Werther zum Liebhaber zu haben, muß ihr ganzes Herz durchglühen und anfüllen. Nächte durchweint das junge empfindsame Ding über das Schicksal Werthers, und durch das Mitleid wird sein Bild immer mehr ihrer Einbildungskraft eingeprägt. Was folgt daraus? Sie sucht einen Werther unter ihren Freyern, und der existirt doch nur in dem schiefgedrückten Gehirn eines Schriftstellers. Die Familie behält folglich eine unverheiratete Tochter zur Last, und die Welt verliert an Nachkommenschaft. Nun sehe man mit geschärftem Blick in die Zukunft und man wird zurückbeben! Das Heyrathen, welches leider jezt meistens aus Finanz-Ursachen geschieht, und selten genug ist, muß endlich ganz aufhören. Der Jüngling sucht eine Lotte und das Mädchen einen Werther, und finden sie beyde nicht. Hört das Heyrathen auf; so werden Hurerey, Unzucht und Gommorrarey und mit ihnen alle Laster auf der Welt ausgebreitet werden.

Material 3

J. M. R. Lenz: Briefe über die Moralität der Leiden des jungen Werther (Auszug): 2. Brief (in: Werke und Briefe in 3 Bänden, Bd. 2, hrsg. v. Sigrid Damm; Frankfurt a. M. 2005, S. 675–676)

Sie halten ihn für eine subtile Verteidigung des Selbstmords. Das gemahnt mich, als ob man Homers Iliade für eine subtile Aufmunterung zu Zorn, Hader und Feindschaft ausgeben wollte. Warum legt man dem Dichter doch immer moralische Endzwecke unter, an die er nie gedacht hat. Genug hat man über den französischen Meßkünstler gelacht, der bei jedem Gedicht frug: *Qu'est ce que cela prouve?* und täglich verfällt man doch in seinen Fehler. Als ob der Dichter sich auf seinen Dreifuß setzte, um einen Satz aus der Philosophie zu beweisen. Das geht dem Autor wohl an der an den Nägeln käuet, aber warum mißt man einen Riesen nach dem Zwerge. Nichts mehr und nichts weniger als die Leiden des jungen Werthers wollt er darstellen, sie bis an ihr Endziel verfolgen wie Homer den Zorn Achills. Und das große Ganze sollte so wenig Eindruck auf Sie gemacht haben, daß Sie noch am Ende nach der Moral fragen können.

Daß man aber mit eben dem kalten Blute sich hinsetzt und nach der Moral der Leiden des jungen Werthers fragt, da mir als ich's las die Sinnen vergingen, ich ganz in seine Welt hineingezaubert mit Werthern liebte, mit Werthern litt, mit Werthern starb – das kann ich nicht vertragen und wenn ich den Verfasser dieses Buches auch nie einmal dem Namen nach gekannt hätte.

Material 4

Ch. M. Wieland: Die Leiden des jungen Werthers (in: C. M. Wieland: Schriften zur deutschen Sprache und Literatur. Hg. von Jan Philipp Reemtsma, Hans und Johanna Radspieler, Bd. 2, Frankurt a. M. und Leipzig 2005, S. 481 f.)

Die Leiden des jungen Werthers, zwey Theile. Leipzig bey Weygand 1774. in 8.
Nicht Leiden in dem Sinne, wie sonst die Romanhelden zu Wasser und zu Lande tausend Fährlichkeiten, auszustehen hatten, sondern ein Gemälde eines innern Seelenkampfes, wie der nur entwerfen kann, der den Schöpfer des Hamlet und des Othello studiert hat. Gresset ist, so viel ich weiß, der einzige dramatische Schriftsteller, welcher den *Selbstmord* nicht zur Pointe sondern zum Thema eines Stücks gemacht hat.[1)] Hier ist es aber nicht um kalte moralische Discussionen, sondern darum zu thun, die Wahrscheinlichkeit zu zeigen, wie ein vernünftiger und sonst schätzbarer Mann bis zu einem solchen Schrit-

---

1) (Jean-Baptiste Louis Gresset: *Sidney; comédie.* La Haye 1745.)

te gebracht werden kann. Im Drama muß es noch immer eine rasche That scheinen, so wie man bey aller Mühe des Dichters die Ermordung der Emilia Galotti durch ihren Vater doch unwahrscheinlich genannt hat. Hier aber in einer langen Reihe von Briefen können wir den Charakter desselben nach allen seinen kleinen Bestimmungen so durchschauen, daß wir ihn selbst an den Rand des Abgrundes begleiten. Und der Dichter hat ihn wie Pygmalions Bildsäule so beseelt, daß wir ihn vor Augen zu sehen glauben, und kein einziger Zug von ihm unkenntlich bleibt. Einen einzelnen Selbstmörder rechtfertigen, und auch nicht rechtfertigen, sondern nur zum Gegenstande des Mitleids zu machen, in seinem Beyspiele zu zeigen, daß ein allzuweiches Herz und eine feurige Phantasie oft sehr verderbliche Gaben sind, heißt keine Apologie des Selbstmords schreiben. Dennoch ist dieser gewöhnliche Fehlschluß auch bey diesem Buche gemacht worden, unerachtet der Verfasser ausdrücklich die Erzählung nur denen zum Troste empfiehlt, die aus Geschick oder eigner Schuld keinen bessern finden können. Unzufriedenheit mit dem Schicksale ist eine der allgemeinen Leidenschaften, und daher sympathisirt hier jeder, zumal da Werthers liebenswürdige Schwärmerey und wallendes Herz jeden anstecken müssen. Ausser der Kunst des Verfassers, die Nüancen aller Leidenschaften zu treffen, verdient die populäre Philosophie Lob, womit er sein ganzes Werk durchwürzt hat. *Ich will das Gegenwärtige genießen, und das Vergangne soll mir Vergangen seyn,* und hundert solche Maximen, die aus Werthers nicht misanthropischen sondern bewegten Herzen fließen, machen mehr Eingang, als die strotzenden Predigten unsrer täglichen Romane.

Selbstzeugnisse

„Werther" ist der größte Bucherfolg seiner Zeit. Die Erstfassung wurde bis 1790 etwa dreißig Mal gedruckt, die Zweitfassung zu Goethes Lebzeiten weitere fünfundzwanzig Mal. Zwischen 1775 und 1796 wurde der Roman ins Französische, Englische, Italienische, Russische, Niederländische und Schwedische übersetzt. Goethes europäischer Ruhm beruhte Zeit seines Lebens auf dem Erfolg des „Werther". Auch für Napoleon ist Goethe bei ihrem Treffen 1808 vor allem der Dichter des „Werther".

Das Material des Romans bildet eigene Erlebnisse, die Goethe bei der Begegnung mit Charlotte Buff und Johann Christian Kestner während seines Aufenthalts als Praktikant am Reichskammergericht in Wetzlar 1772 sammelte. Er verknüpft diese und andere eigene Erlebnisse mit der Geschichte seines Bekannten Carl Wilhelm Jerusalem, der sich im selben Jahr in Wetzlar das Leben nahm (zu den biographischen Hintergründen vgl. z. B. Oldenbourg Interpretationen Bd. 52). Dass sich Goethe bis ins Detail an reale Vorbilder hielt und dem Roman unzählige Parallelen zum eigenen Leben einschrieb (Werther hat beispielsweise den selben Geburtstag wie Goethe, den 28. August), verlieh dem Roman in den Augen der Zeitgenossen einen Bekenntnischarakter, der entscheidend zur Attraktivität des Romans beitrug. Dass der Roman deshalb immer wieder als Autobiographie und nicht als autonomes Kunstwerk gelesen wurde, hat Goethe oft beklagt, am ausführlichsten in „Dichtung und Wahrheit". Auch bei „Dichtung und Wahrheit" handelt es sich, wie schon der Titel nahelegt, um eine literarische Komposition, deren Deutung des „Werther" selbst Teil der biographischen Legendenbildung um den Roman ist.

Material 5

J. W. Goethe: Dichtung und Wahrheit, 3. Teil, 13. Buch (in: J. W. Goethe: sämtliche Werke nach Epochen seines Schaffens, hg. von Karl Richter u. a. (Münchner Ausgabe), Bd. 16, München, Wien 1985, S. 625–627)

Vorbereitet auf alles was man gegen den Werther vorbringen würde, fand ich so viele Widerreden keineswegs verdrießlich; aber daran hatte ich nicht gedacht, daß mir durch teilnehmende, wohlwollende Seelen eine unleidliche Qual bereitet sei:

denn anstatt daß mir jemand über mein Büchlein wie es lag, etwas Verbindliches gesagt hätte, so wollten sie sämtlich ein für allemal wissen, was denn eigentlich an der Sache wahr sei? worüber ich denn sehr ärgerlich wurde, und mich meistens höchst unartig dagegen äußerte. Denn diese Frage zu beantworten, hätte ich mein Werkchen, an dem ich so lange gesonnen, um so manchen Elementen eine poetische Einheit zu geben, wieder zerrupfen und die Form zerstören müssen, wodurch ja die wahrhaften Bestandteile selbst wo nicht vernichtet, wenigstens zerstreut und verzettelt worden wären. Näher betrachtet konnte ich jedoch dem Publikum die Forderung nicht verüblen. Jerusalems Schicksal hatte großes Aufsehen gemacht. Ein gebildeter, liebenswerter, unbescholtener junger Mann, der Sohn eines der ersten Gottesgelahrten und Schriftstellers, gesund und wohlhabend, ging auf einmal, ohne bekannte Veranlassung, aus der Welt. Jedermann fragte nun, wie das möglich gewesen? und als man von einer unglücklichen Liebe vernahm, war die ganze Jugend, als man von kleinen Verdrießlichkeiten, die ihm in vornehmer Gesellschaft begegnet, sprach, der ganze Mittelstand aufgeregt, und Jedermann wünschte das Genauere zu erfahren. Nun erschien im Werther eine ausführliche Schilderung, in der man das Leben und die Sinnesart des genannten Jünglings wieder zu finden meinte. Lokalität und Persönlichkeit trafen zu, und bei der großen Natürlichkeit der Darstellung glaubte man sich nun vollkommen unterrichtet und befriedigt. Dagegen aber, bei näherer Betrachtung, paßte wieder so vieles nicht, und es entstand für die welche das Wahre suchten, ein unerträgliches Geschäft, indem eine sondernde Kritik hundert Zweifel erregen muß. Auf den Grund der Sache war aber gar nicht zu kommen: denn was ich von meinem Leben und Leiden der Komposition zugewendet hatte, ließ sich nicht entziffern, indem ich, als ein unbemerkter junger Mensch, mein Wesen zwar nicht heimlich, aber doch im Stillen getrieben hatte.

Bei meiner Arbeit war mir nicht unbekannt, wie sehr begünstigt jener Künstler gewesen, dem man Gelegenheit gab, eine Venus aus mehreren Schönheiten herauszustudieren, und so nahm ich mir auch die Erlaubnis, an der Gestalt und den Eigenschaften mehrerer hübschen Kinder meine Lotte zu bilden, obgleich die Hauptzüge von der geliebtesten genommen waren. Das forschende Publikum konnte daher Ähnlichkeiten von verschiedenen Frauenzimmern entdecken, und den Damen war es auch nicht ganz gleichgültig, für die rechte zu gelten. Diese mehreren Lotten aber brachten mir unendliche Qual, weil Jedermann der mich nur ansah, entschieden zu wissen verlangte, wo denn die eigentliche wohnhaft sei? Ich suchte mir wie Nathan mit den drei Ringen durchzuhelfen, auf einem Auswege, der freilich höheren Wesen zukommen mag, wodurch sich aber weder das gläubige, noch das lesende Publikum will befriedigen lassen. Dergleichen peinliche Forschungen hoffte ich in einiger Zeit loszuwerden; allein sie begleiteten mich durch's ganze Leben. Ich suchte mich davor auf Reisen durch's Inkognito zu retten, aber auch dieses Hülfsmittel wurde mir unversehens vereitelt, und so war der Verfasser jenes Werkleins, wenn er ja etwas Unrechtes und Schädliches getan, dafür genugsam, ja übermäßig durch solche unausweichliche Zudringlichkeiten bestraft.

Material 6

J. W. Goethe: Unterredung mit Napoleon, Erfurt 1808
(in: J. W. Goethe: Die Leiden des jungen Werther.
Neu herausgegeben mit Dokumenten und Materialien, Wertheriana und Wertheriaden von Hans Christioph Buch, Berlin 1982, S. 211 f.)

Den 2. Oktober. Ich wurde um elf Uhr vormittags zu dem Kaiser bestellt. Ein dicker Kammerherr, Pole, kündigte mir an zu verweilen. Die Menge entfernte sich. Präsentation an Savary und Talleyrand. Ich werde hereingerufen. In demselben Augenblick meldet sich Daru, welcher sogleich eingelassen wird. Ich zaudere deshalb. Werde nochmals gerufen. Trete ein.
Der Kaiser sitzt an einem großen runden Tische, frühstückend; zu seiner Rechten steht etwas entfernt vom Tische Talleyrand, zu seiner Linken ziemlich nah, Daru, mit dem er sich über die Kontributions-Angelegenheiten unterhält. Der Kaiser winkt mir, heranzukommen. Ich bleibe in schicklicher Entfernung vor ihm stehen. Nachdem er mich aufmerksam angeblickt, sagte er: „Vous êtes un homme." Ich verbeuge mich. Er fragt: „Wie alt seid Ihr?" – „Sechzig Jahr." – „Ihr habt Euch gut erhalten – Ihr habt Trauerspiele geschrieben." Ich antwortete das Notwendigste.

Hier nahm Daru das Wort, der, um den Deutschen, denen er so wehetun mußte, einigermaßen zu schmeicheln, von deutscher Literatur Notiz genommen; wie er denn überhaupt in der lateinischen wohlbewandert und selbst Herausgeber des Horaz war. er sprach von mir, wie etwa meine Gönner in Berlin mochten gesprochen haben, wenigstens erkannt ich daran ihre Denkweise und ihre Gesinnung. Er fügte sodann hinzu, daß ich auch aus dem Französischen übersetzt habe, und zwar Voltaires ‚Mahomet'. Der Kaiser versetzte: „Es ist kein gutes Stück", und legte sehr umständlich auseinander, wie unschicklich es sei, daß der Weltüberwinder von sich selbst eine so ungünstige Schilderung mache.

Er wandte sodann das Gespräch auf den ‚Werther', den er durch und durch mochte studiert haben. Nach verschiedenen ganz richtigen Bemerkungen bezeichnete er eine gewisse Stelle und sagte: „Warum habt Ihr das getan? es ist nicht naturgemäß"; welches er weitläufig und vollkommen richtig auseinandersetzte.

Ich hörte ihm mit heiterem Gesichte zu und antwortete mit einem vergnügten Lächeln, daß ich zwar nicht wisse, ob mir irgend jemand denselben Vorwurf gemacht habe; aber ich finde ihn ganz richtig und gestehe, daß an dieser Stelle etwas Unwahres nachzuweisen sei. Allein, setzte ich hinzu, es wäre dem Dichter vielleicht zu verzeihen, wenn er sich eines nicht leicht zu entdeckenden Kunstgriffs bedienen, um gewisse Wirkungen hervorzubringen, die er auf einem einfachen, natürlichen Wege nicht hätte erreichen können.

Der Kaiser schien damit zufrieden, kehrte zum Drama zurück und machte sehr bedeutende Bemerkungen wie einer, der die tragische Bühne mit der größten Aufmerksamkeit gleich einem Kriminalrichter betrachtet und dabei das Abweichen des französischen Theaters von Natur und Wahrheit sehr tief empfunden hatte.

So kam er auch auf die Schicksalsstücke mit Mißbilligung. Sie hätten einer dunklern Zeit angehört.

„Was", sagte er, „will man jetzt mit dem Schicksal? die Politik ist das Schicksal."

Literarische Weiterverarbeitungen
Material 7

H. v. Kleist: Der neuere (glücklichere) Werther
(in: H. v. Kleist: Werke und Briefe. Mit Anmerkungen von Peter Goldammer, Berlin und Weimar 1978, S. 361–363)

Die öffentliche Auseinandersetzung mit dem Roman fand nicht nur in Rezensionen und öffentlichen Erklärungen statt. Auch eine Unzahl literarischer Bearbeitungen gehört zur Wirkungsgeschichte. Über 140 Titel wurden allein für die unmittelbaren Folgejahre nach Erscheinen des Romans gezählt, von Nachdichtungen über Gedichte bis zu Fortsetzungsromanen. Von Thomas Manns „Lotte in Weimar" bis zu Ulrich Plenzdorfs „Die neuen Leiden des jungen W." regt der „Werther" bis ins 20. Jahrhundert die Literatur an. Heinrich von Kleists kurzer Text steht im Gefolge der parodistischen Auseinandersetzungen mit dem „Werther", von denen besonders die 1775 erschienene Parodie des Buchhändlers und Verlegers Christian Friedrich Nicolai bekannt wurde, „Die Freuden des jungen Werthers". In Nicolais Version des Werther-Stoffes misslingt der Selbstmordversuch Werthers, Albert verzichtet auf Lotte und Werther und Lotte heiraten. Von nun an beginnen sie sich zu entfremden und enden als missmutiges, ganz und gar spießiges Paar. Kleists Text variiert diese Parodie.

Zu L…e in Frankreich war ein junger Kaufmannsdiener, Charles C…, der die Frau seines Prinzipals, eines reichen aber bejahrten Kaufmanns, namens D…, heimlich liebte. Tugendhaft und rechtschaffen, wie er die Frau kannte, machte er nicht den mindesten Versuch, ihre Gegenliebe zu erhalten: um so weniger, da er durch manche Bande der Dankbarkeit und Ehrfurcht an seinen Prinzipal geknüpft war. Die Frau, welche mit seinem Zustande, der seiner Gesundheit nachteilig zu werden drohte, Mitleiden hatte, forderte ihren Mann, unter mancherlei Vorwand auf, ihn aus dem Hause zu entfernen; der Mann schob eine Reise, zu welcher er ihn bestimmt hatte, von Tage zu Tage auf, und erklärte endlich ganz und gar, daß er ihn in seinem Comptoir nicht entbehren könne. Einst machte Herr D…, mit seiner Frau, eine Reise zu einem Freunde, aufs Land; er ließ den jungen C…, um die Geschäfte der Handlung zu führen, im Hause zurück. Abends, da schon alles schläft, macht sich der junge Mann, von welchen Empfindungen getrieben, weiß ich nicht, auf, um noch einen Spaziergang durch den Garten zu machen. Er kommt bei dem Schlafzimmer der teuern Frau vorbei, er steht still, er legt die Hand an die Klinke, er öffnet das Zimmer: das Herz schwillt ihm bei dem Anblick des Bettes, in welchem sie zu ruhen pflegt, empor, und kurz, er begeht, nach manchen Kämpfen mit sich selbst, die Torheit, weil es doch niemand sieht, und zieht sich aus und legt sich hinein. Nachts, da er schon mehrere Stunden, sanft und ruhig, geschlafen, kommt, aus irgendeinem besonderen Grunde, der, hier anzugeben, gleichgültig ist, das Ehepaar unerwartet nach Hause zurück; und da der alte Herr mit seiner Frau ins Schlafzimmer tritt, finden sie den jungen C…, der sich, von dem Geräusch, das sie verursachen, aufgeschreckt, halb im Bette, erhebt. Scham und Verwirrung, bei diesem Anblick, ergreifen ihn; und während das Ehepaar betroffen umkehrt, und wieder in das Nebenzimmer, aus dem sie gekommen waren, verschwindet, steht er auf, und zieht sich an; er schleicht, seines Lebens müde, in sein Zimmer, schreibt einen kurzen Brief, in welchem er den Vorfall erklärt, an die Frau, und schießt sich mit einem Pistol, das an der Wand hängt, in die Brust. Hier scheint die Geschichte seines Lebens aus; und gleichwohl (sonderbar genug) fängt sie hier erst allererst an. Denn statt ihn, den Jüngling, auf den er gemünzt war, zu töten, zog der Schuß dem alten Herrn, der in dem Nebenzimmer befindlich war, den Schlagfluß zu: Herr D… verschied wenige Stunden darauf, ohne daß die Kunst aller Ärzte, die man herbeigerufen, imstande gewesen wäre, ihn zu retten. Fünf Tage nachher, da Herr D… schon längst begraben war, erwachte der junge C…, dem der Schuß, aber nicht lebensgefährlich, durch die Lunge gegangen war: und wer beschreibt wohl – wie soll ich sagen, seinen Schmerz oder seine Freude? als er erfuhr, was vorgefallen war und sich in den Armen der lieben Frau befand, um derentwillen er sich den Tod hatte geben wollen! Nach Verlauf eines Jahres heiratete ihn die Frau, und beide lebten noch im Jahr 1801, wo ihre Familie bereits, wie ein Bekannter erzählt, aus 15 Kindern bestand.

Literarische Bezüge
Material 8

F. G. Klopstock: Die Frühlingsfeier
(in: F. G. Klopstock: Ausgewählte Werke. Hg. von Karl August Schleiden. München 1962, S. 89–92)

Friedrich Gottlieb Klopstocks (1724–1803) religiöse Lyrik begeisterte die junge Generation. Die Themen seiner Gedichte sind Freundschaft, Liebe und Natur, so auch in der Ode „Die Frühlingsfeyer" (1759), in der alle Naturerscheinungen, vom Würmchen bis zum Blitz, als Zeugnisse Gottes gepriesen werden. Gott ist ein liebender Gott, der dem Blitz gebietet, die Behausung der Menschen zu schonen. Die Namensnennung Klopstocks zwischen Werther und Lotte reicht aus, um das Ende des Gewitters während des Balles mit dem Ende des Gewitters in Klopstocks Ode zu assoziieren. Klopstock wird zum Code für das gemeinsame Naturerlebnis. Lotte und Werther entdecken also ihren Einklang der Herzen im Angesicht der Natur, vermittelt über eine sie verbindende Lektüre. Damit stehen sie in der literarischen Tradition des sich durch die gemeinsame Lektüre findenden Liebespaares von „Abälard und Heloïsa", „Tristan und Isolde", Francesca und Paolo aus Dantes „Göttlicher Komödie" bis zu Rousseaus „Nouvelle Héloïse". Die Szene spielt neben dem expliziten Verweis auf Klopstock implizit auch auf eine Idylle von Salomon Geßner an, in der das Schäferpaar Damon und Daphne sich nach einem Gewitter Liebe schwört. Das Naturerlebnis findet also vermittelt über verschiedene literarische Vorbilder statt. Die Gefühlswelt der Liebenden ist literarisch vorgeprägt (vgl. auch Kommentare Literatur, S. 141 f. und Natur, S. 138 f.).

Die Frühlingsfeier

Nicht in den Ozean der Welten alle
Will ich mich stürzen! schweben nicht,
Wo die ersten Erschaffnen, die Jubelchöre der Söhne des Lichts,
Anbeten, tief anbeten! und in Entzückung vergehn!

Nur um den Tropfen am Eimer,
Um die Erde nur, will ich schweben, und anbeten!
Halleluja! Halleluja! Der Tropfen am Eimer
Rann aus der Hand des Allmächtigen auch!

Da der Hand des Allmächtigen
Die größeren Erden entquollen!
Die Ströme des Lichts rauschten, und Siebengestirne wurden,
Da entrannest du, Tropfen, der Hand des Allmächtigen!

Da ein Strom des Lichts rauscht', und unsre Sonne wurde!
Ein Wogensturz sich stürzte wie vom Felsen
Der Wolk' herab, und den Orion gürtete,
Da entrannest du, Tropfen, der Hand des Allmächtigen!

Wer sind die tausendmal tausend, wer die Myriaden alle,
Welche den Tropfen bewohnen, und bewohnten? und wer
bin ich?
Halleluja dem Schaffenden! mehr wie die Erden, die quollen!
Mehr, wie die Siebengestirne, die aus strahlen zusammen-
strömten! –

Aber du Frühlingswürmchen,
Das grünlichgolden neben mir spielt,
Du lebst; und bist vielleicht
Ach nicht unsterblich!

Ich bin herausgegangen anzubeten,
Und ich weine? Vergib, vergib
Auch diese Träne dem Endlichen,
O du, der sein wird!

Du wirst die Zweifel alle mir enthüllen,
O du, der mich durch das dunkle Tal
Des Todes führen wird! Ich lerne dann,
Ob eine Seele das goldene Würmchen hatte.

Bist du nur gebildeter Staub,
Sohn des Mais, so werde denn
Wieder verfliegender Staub,
Oder was sonst der Ewige will!

Ergeuß von neuem du, mein Auge,
Freudentränen!
Du, meine Harfe,
Preise den Herrn!

Umwunden wieder, mit Palmen
Ist meine Harf' umwunden! Ich singe dem Herrn!
Hier steh ich. Rund um mich
Ist alles Allmacht! und Wunder alles!

Mit tiefer Ehrfurcht schau ich die Schöpfung an,
Denn du!
Namenloser, du!
Schufest sie!

Lüfte, die um mich wehn, und sanfte Kühlung
Auf mein glühendes Angesicht hauchen,
Euch, wunderbare Lüfte,
Sandte der Herr! der Unendliche!

Aber jetzt werden sie still, kaum atmen sie.
Die Morgensonne wird schwül!
Wolken strömen herauf!
Sichtbar ist, der kommt, der Ewige!

Nun schweben sie, rauschen sie, wirbeln die Winde!
Wie beugt sich der Wald! wie hebt sich der Strom!
Sichtbar, wie du es Sterblichen sein kannst,
Ja, das bist du, sichtbar, Unendlicher!

Der Wald neigt sich, der Strom fliehet, und ich
Falle nicht auf mein Angesicht?
Herr! Herr! Gott! barmherzig und gnädig!
Du Naher! erbarme dich meiner!

Zürnest du? Herr,
Weil Nacht dein Gewand ist?
Diese Nacht ist Segen der Erde.
Vater, du zürnest nicht!

Sie kommt, Erfrischung auszuschütten,
Über den stärkenden Halm!
Über die herzerfreuende Traube!
Vater, du zürnest nicht!

Alles ist still vor dir, du Naher!
Ringsumher ist alles still!

Auch das Würmchen mit Golde bedeckt, merkt auf!
Ist es vielleicht nicht seelenlos? ist es unsterblich?

Ach, vermöcht' ich dich, Herr, wie ich dürste, zu preisen!
Immer herrlicher offenbarest du dich!
Immer dunkler wird die Nacht um dich,
Und voller von Segen!

Seht ihr den Zeugen des Nahen, den zückenden Strahl?
Hört ihr Jehovas Donner?
Hört ihr ihn? hört ihr ihn,
Den erschütternden Donner des Herrn?

Herr! Herr! Gott!
Barmherzig, und gnädig!
Angebetet, gepriesen
Sei den herrlicher Name!

Und die Gewitterwinde? sie tragen den Donner!
Wie sie rauschen! wie sie mit lauter Woge den Wald durchströmen!
Und nun schweigen sie. Langsam wandelt
Die schwarze Wolke.

Seht ihr den neuen Zeugen des Nahen, den fliegenden Strahl?
Höret ihr hoch in der Wolke den Donner des Herrn?
Er ruft: Jehova! Jehova!
Und der geschmetterte Wald dampft!

Aber nicht unsre Hütte!
Unser Vater gebot
Seinem Verderber,
Vor unsrer Hütte vorüberzugehn!

Ach, schon rauscht, schon rauscht
Himmel, und Erde vom gnädigen Regen!
Nun ist, wie dürstete sie! die Erd' erquickt,
Und der Himmel der Segensfüll' entlastet!

Siehe, nun kommet Jehova nicht mehr im Wetter,
In stillem, sanftem Säuseln
Kommt Jehova,
Und unter ihm neigt sich der Bogen des Friedens!

Abbildungen

Daniel Nikolaus Chodowiecki (1726–1801) war der populärste Kupferstecher und Buchillustrator des späten 18. Jahrhunderts. Die Titelkupfer zur „Werther"-Ausgabe von Friedrich Himburg, zu denen Chodowiecki 1775 die Vorlagen zeichnete (gestochen wurden die Bilder von Daniel Berger), waren ungeheuer erfolgreich (Material 10 und 11). Die Porträts von Werther und Lotte wurden so populär, dass man sie etwa in der Meißner Manufaktur auf Porzellan reproduzierte. Erhalten ist eine Tasse – auf der Untertasse ist das Bildnis Lottes, auf der Obertasse das Werthers zu sehen – und eine Soupiere mit entsprechenden Darstellungen. Die Sockelszenen unter den Medaillons zeigen die erste und die letzte Begegnung zwischen Werther und Lotte. Die erste Begegnung, die Szene mit der brotschneidenden Lotte, gestaltete Chodowiecki noch ein weiteres Mal 1776 für die zweite Übersetzung ins Französische (von George Deyverduun) (Material 9). Diese Darstellung betont gegenüber der ersten stärker Lotte als Zentrum der Familie, das innige Verhältnis der Geschwister zu ihr, die Harmonie des bürgerlichen Familienlebens. In der Darstellung der Mode hält sich Chodowiecki übrigens nicht an die literarische Vorlage: Er stellt Werther mit Kniehosen und Schnallenschuhen dar, sowie mit Dreispitz – also einer konservativen Kleidung –, statt mit Frack und Weste, Stulpenstiefeln und rundem Filzhut.

Material 9

Daniel Nikolaus Chodowiecki: Titelvignette zur zweiten Übersetzung des Werther ins Französische (Werther, traduit de l'Allemand 1776)

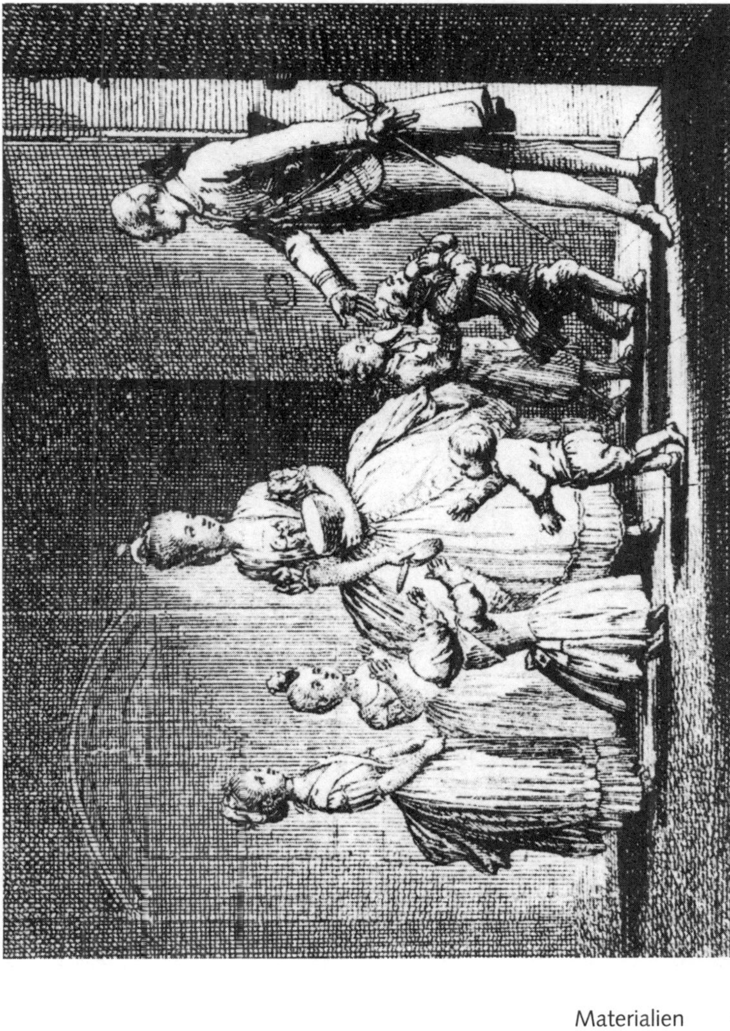

akg-images

Material 10 und 11

Daniel Nikolaus Chodowiecki: Titelkupfer zum Nachdruck des Werther von Friedrich Himburg. 1775

akg-images

akg-images